心理攸同

钱锺书与世界思潮

龚刚 著

浙江古籍出版社

图书在版编目（CIP）数据

心理攸同：钱锺书与世界思潮 / 龚刚著 . -- 杭州：浙江古籍出版社，2023.10

ISBN 978-7-5540-2692-2

Ⅰ.①心… Ⅱ.①龚… Ⅲ.①西方哲学—研究 Ⅳ.①B5

中国国家版本馆 CIP 数据核字（2023）第 169839 号

心理攸同：钱锺书与世界思潮

龚 刚 著

出版发行	浙江古籍出版社
	（杭州体育场路 347 号 电话：0571-85068292）
网　　址	https://zjgj.zjcbcm.com
责任编辑	张　莹
责任校对	吴颖胤
封面设计	吴思璐
责任印务	楼浩凯
照　　排	浙江大千时代文化传媒有限公司
印　　刷	浙江新华印刷技术有限公司
开　　本	850mm×1168mm　1/32
印　　张	7.125
字　　数	136 千字
版　　次	2023 年 10 月第 1 版
印　　次	2023 年 10 月第 1 次印刷
书　　号	ISBN 978-7-5540-2692-2
定　　价	39.00 元

如发现印装质量问题，影响阅读，请与本社市场营销部联系调换。

目 录
CONTENTS

一、"一个新天地" — 001

二、"生物恃互助竞争相剂而进化说" — 008

三、"于知觉与理智之外，别标直觉" — 018

四、"露钞雪纂久愈富" — 041

五、"在吃布丁的时候检验布丁" — 060

六、休谟的问题 — 081

七、"精神决定时代" — 111

八、一种哲学纲要 — 126

九、"自传就是别传" — 142

十、"永恒喜爱时间的果实" — 157

十一、"反者道之动" — 195

后 记 — 211

主要参考文献 — 216

一、"一个新天地"

1932年，钱锺书在清华大学工字厅约见杨绛，推荐她阅读法国生命哲学家柏格森（Henri Bergson）探究个人内在意识的绵延性特征及意志自由真实性的《时间与自由意志》一书[①]，这是一个富于象征意义的事件。它表明，钱锺书这位主体形象为作家与古典文学研究者的文史名家对哲学的深刻感应，及对西方哲学动态的敏锐把握，以至于在生命中最重要的时刻，试图以此召唤与之应答的灵魂与声音。

钱锺书幼年的教育主要来自私塾和其伯父钱基成的家教，学过《毛诗》等经典，课后则畅读从书摊租来的《说唐》《济公传》《七侠五义》及家藏《西游记》《水浒传》《三国演义》等小说。十一岁时，钱锺书入读无锡的四年制高等

[①] 吴学昭《听杨绛谈往事》第6节"清华借读生到研究生"，北京：生活·读书·新知三联书店，2008，第77页。

小学东林小学，自此进入现代教育体制，并开始接触西方文学、西方学术。他在译学名篇《林纾的翻译》（提出了著名的"化境"论）一文中介绍说："商务印书馆发行的那两小箱《林译小说丛书》是我十一二岁时的大发现，带领我进了一个新天地，一个在《水浒》、《西游记》、《聊斋志异》以外另辟的世界。"[1] 在近代以还的西学东渐史上，商务印书馆在传播西方文明、促使中国人睁眼看世界等方面，发挥了重要作用。钱锺书自承读了商务版的林译小说而增加了"学习外国语文的兴趣"[2]。十四岁时，即1923年，钱锺书考上苏州桃坞中学。1927年桃坞中学停办，钱锺书转入无锡辅仁中学。

桃坞中学、辅仁中学均由美国圣公会创办。作为教会学校，这两所中学都非常注重英语教学与西方文化传授。苏州第四中学（前身为桃坞中学）的校史研究专家在《钱锺书与他就读的桃坞中学》一文中介绍说：

> 学校以英文教学为特色，对学生英语学习有很高的要求，不仅要求学生达到能看能写能讲的水平，还特别注重发音的准确。学校规定，高中的英文课均由美籍教师教授，初中可由中国教师教授课。教学要求均从严、

---

[1] 钱锺书《林纾的翻译》，收入钱锺书《七缀集》（修订本），上海：上海古籍出版社，1994，第82页。
[2] 钱锺书《林纾的翻译》，第82页。

从难着手。以20世纪30年代的英文课程为例：学生初一读《泰西三十轶事》、《泰西五十轶事》，初二读《天方夜谭》，初三读《人类的故事》，高一读《格列佛游记》，高二读《罗宫艳史》，高三读《威克斐牧师传》，高三另有选科读《莎士比亚》著作。

高中教学课本均用英文原版。以20世纪30年代的高中历史课本为例：学生高一读美国海斯满编写的《世界近代史》，高二读海斯满编写的《世界中古上古史》，当时在国内许多大学历史系一年级也以此为教材。[①]

从以上介绍可见，民国时期的桃坞中学非常注重教授西方文学、西方历史、世界历史以及宗教等方面的知识。西方文学方面，有英国作家斯威夫特名著《格列佛游记》及莎士比亚作品；西方历史方面，有《泰西三十轶事》《泰西五十轶事》等；宗教故事方面，有《威克斐牧师传》；世界历史范畴的教材颇为丰富，包括《人类的故事》《世界近代史》《世界中古上古史》等。《人类的故事》出版于1921年，英文书名为 The Story of Mankind，作者为荷裔美国人庞龙（Hendrik Willem van Loon），该书以俏皮通俗的风格、开阔通贯的视野，系统讲述了人类从远古直至20世纪的雄阔历史，特别关注新思想、科技发展和各方面的创新，提出了"作为宇宙

[①] 张剑华《钱锺书与他就读的桃坞中学》，《中小学管理》，2013年第2期。

飞船的地球""世界是地球村"等理念，是一部引人入胜的世界史教科书。钱锺书入读桃坞中学时，《人类的故事》已出版两年，估计已被列入教材。

在桃坞中学就读的四年间，钱锺书曾在该校学生刊物《桃坞学期报》上发表多篇作品，包括《进化蠡见》（1926年1月第九卷第一号）、《天择与种变》（译文，1926年7月第九卷第二号）、《获狐辩》（1927年1月第十卷第一号），以及英文文章《读报的乐趣》（The Delights of Reading Newspaper）等。《读报的乐趣》原载《桃坞学期报》1927年1月第十卷第一号，与作者以文言撰写的《获狐辩》刊于同一期，署名 Dzien Tsoong-su。[①] 从《进化蠡见》《〈天择与种变〉译余赘语》《读报的乐趣》等文可见，钱锺书对西式学堂所传授的新思想及现代文明很有兴趣，也颇为擅长理论思辨。此外，从他对进化论的反思及对报纸功能的论证中，还可以发现他与西方哲学的最初接触。

在《读报的乐趣》一文中，钱锺书认为，他所生活的世界正在经历剧变，政治革命、国际交流、内战与科学发明使得当今世界不同于旧时代，这些变化尚未成为"确凿事实"（established facts）而被历史记录，因此，读者无法从史书中看到时代的变化，作为新生的出版物，报纸能够随时告诉我们"生活的露天圆形剧场"（amphitheatre of life）所正在

---

① 陈建军《钱锺书桃坞中学时的一篇英语作文》，《书屋》，2015年第8期。

一、"一个新天地"

发生的变化。文章的主轴即是将读史与读报的意义加以对照，并对德国近代艺术史家里希特（Jean Paul Richter）与英国著名哲学家培根（Francis Bacon）的观点进行了拓展。里希特认为，"帕纳索斯山的视野比王座更开阔"[①]。帕纳索斯山是希腊中部山脉，主峰雄奇高耸，俯瞰平原大海，传说为太阳神阿波罗与诗神缪斯的灵地。钱锺书推进里希特的观点说，"报纸的视野比帕纳索斯山更宽广，它能对人们的行事做人带来启迪"[②]。谈到阅读的益处，培根的《论读书》（*Of Studies*，按，王佐良译为《谈读书》）是很难绕过的经典，钱锺书引用了他的著名论断"读史使人明智，读诗使人风趣"，并引申指出，"读报使人富于远见，务实及擅于变通"[③]。

培根是欧洲经验论哲学的创始人，开创了英国的唯物主义经验论哲学传统，主张从直接经验中获取知识，重视实验与归纳法，鄙视经院哲学及传统的辩证法与三段论。其《论读书》作为传世的读书有用论，也包含着他的经验哲学思想，如文中揭示了读书与经验的互补关系："读书补天然之不足，经验又补读书之不足，盖天生才干犹如自然花草，读书然后

[①] 钱锺书《读报的乐趣》，《桃坞学期报》，1927年1月第十卷第一号。（原文为："There is a wider prospect from Parnassus than from a throne."）
[②] 钱锺书《读报的乐趣》。（原文为："Yet there is another prospect still far much wider from the newspaper materials are those which inspire men to do something and be something."）
[③] 钱锺书《读报的乐趣》。（原文为："……hence 'histories make men wise, poems, witty', and news papers, far-sighted, practical and expedient."）

知如何修剪移接；而书中所示，如不以经验范之，则又大而无当。"① 从这一论述可见，培根固然认为直接经验是获取知识的根本途径，却又深知从书本获得间接经验的重要性。但他在介绍读书的益处时，却又讽刺脱离感官经验探讨共相是否真实存在的经院哲学，"如不能辨异，可令读经院哲学，盖是辈皆吹毛求疵之人"②。

钱锺书在他的《读报的乐趣》中，热情洋溢地赞美了报纸这一近代新闻传播业的载体，创造性地拓展了培根的读书论，肯定了报纸（尤其是日报）这一相对于培根所处的文艺复兴时期而言新的阅读对象的功能与价值，辨析了读史与读报的区别，也辨析了史书与报纸的区别。可以发现，钱锺书已经接受了经验论的思想，所以特别指出史书未能记载当下时代的瞬息万变，报纸则能随时反映生活这个舞台上的新动态，由此可以得出读报比读史更有助于认识世界的结论。这既可以说是培根《论读书》一文中的经验主义哲学思想所催生的观点，又可以说是钱锺书对私塾及家教中以阅读典籍为获取知识的主要途径、以读经为治学治国之本的旧式教育模式与理念的怀疑与反叛。的确，读报还是读史、读经，是时代分水岭上一个具有象征性意义的抉择。钱锺书认定读报比读史重要，且认为读报能使人富于远见，表明此时的他非常

---

① 培根著、王佐良译《谈读书》，收入王佐良《翻译：思考与试笔》，北京：外语教学与研究出版社，1989。
② 培根著、王佐良译《谈读书》。

热切地渴望吸纳世界思潮与现代文明，而不愿沉迷于古典世界，也不愿受古训羁绊。钱锺书成年后在清华大学外文系就读及在上海光华大学教书期间，在《新月》杂志和《大公报》"世界思潮"副刊发表了评论《一种哲学的纲要》《美的生理学》《休谟的哲学》《马克思传》等诸多西方哲学、文学类新书的书评，延续了他对报纸这一现代文明催生器及以时效性见长的出版物的热情与重视，也延续了他对西方哲学以及生物学等学科的浓厚兴趣。

二、"生物恃互助竞争相剂而进化说"

钱锺书在《进化蠡见》一文的尾声中说,"年来颇涉猎生物学,于进化论尤为注意"[1],又在译作《天择与种变》的"补白"中称,现代科学家所谓"不适者必处淘汰之列,同时又主张生物能适应环境"的说法"似犯逻辑之矛盾律"(Law of Contradiction),此类问题在他于东林小学初治生物时(1922年)即已横亘于胸。[2] 可见,钱锺书在小学阶段就接触到了进化论思想,并有自己的思考与判断。

1897年,严复译自英国生物学家赫胥黎(Thomas Henry Huxley)演讲稿《进化与伦理》(*Evolution and Ethics*)的《天演论》在天津的《国闻汇编》刊出。此书所揭示的"物竞天择,适者生存"及"优胜劣败"等生物界的进化模式、竞争

---

[1] 钱锺书《进化蠡见》,《桃坞学期报》,1926年1月第九卷第一号。
[2] 钱锺书《天择与种变》(译文,原作者为H.G.Wells)"补白",《桃坞学期报》,1926年7月第九卷第二号。

二、"生物恃互助竞争相剂而进化说"

模式正与鸦片战争尤其是甲午战争以来全国士人忧心国运，苦思富国强兵之策以与列强相抗的心理与思想氛围相契合，所以很快风行全国，并且成了中学生的读物。胡适在上海澄衷蒙学堂的国文教员杨千里就让学生购买删节本的《天演论》来做读本。至钱锺书进入东林小学学习生物学，进化论思想在中国已经传播了二十余年。钱锺书的睿智处在于，他以幼小年纪就注意到了进化论思想在传播过程中过于突出竞争与胜败，有将人类社会等同于生物界并将弱肉强食合理化的危险倾向。他在《进化蠡见》中批评并指出：

> 世人辄以为达氏化进论之要旨为"互相残杀""最强勇之生物即能生存"。此种谬见，实赫胥黎为之厉阶；即明哲如倭恩等，犹复不免。于是达氏进化学说之真诠，尽为达氏门徒极端片面误解之议所论掩矣。①
>
> 赫胥黎等之进化学说，非仅误解达氏之意，亦即过信霍伯士（Thomas Hobbes）"人类在自然中，仅以保存己身之幸福为目的而生活——仅有'对于一切之一切战争'而已"（见霍氏所著 Leviathan）之语也。故彼等视"生物界为饥肉渴血之修罗场，在此修罗场中，个体为己身利益之故，不得不行连续勿绝之残忍争斗，而最强捷之生物，独能繁荣。至于互助牺牲，实为实际上

---

① 钱锺书《进化蠡见》。

不可遇之事也"。此种论调之误解有二：（一）达氏谓"最适者能生存繁荣"，而其门徒则误为"最强者能生存繁荣"也。盖生物之生存繁荣，全恃环境之适应；至于强弱，实无甚关系。曾见蒙庄寓言载栎以不材得全雁以无能见弋一事。夫栎雁同是废物，而其结果相异如此。正以栎之不材，实适应斯栎所处之环境。然雁之无能，实与是雁所处之环境相抵牾也。苟云"最强之生物能生存繁荣"，何以古代生物强如三角龙（Triceratops）、巴利龙（Paviasauras）等者，除其骨殖发见于土中以外，踪迹竟绝于今日乎？（二）达氏谓"互助牺牲等美德常发见于生物界中"，而其门徒则误为"生物界之互助牺牲实不可遇之事"也。然生物之相互助，本亦是一种生物界之通同原则。如䴔鸟之于米梭沙伊鸟是也。①

此等贯通中西、文笔雅驯、思辨锐利的文字出自十六七岁少年之手，着实令人生畏。在这段论述中，钱锺书指出赫胥黎等人的进化学说在两方面误解了达尔文的思想：首先，达尔文认为"最适者能生存繁荣"，而其"门徒"则误为"最强者能生存繁荣"；其次，达尔文认为"互助牺牲等美德常发见于生物界中"，而其"门徒"则误为"生物界之互助牺牲实不可遇之事"。钱锺书以庄子寓言中山中之木以

---

① 钱锺书《进化蠡见》。

不材得全、故人之雁因不材被烹（见《庄子·外篇·山木第二十》）的例子，以及古代生物三角龙、巴利龙等巨兽的灭亡，大自然中不同鸟类的互助等事实为依据，驳斥了达尔文的阐释者对达尔文主义的"误解"，明确提出了生物的生存繁荣取决于是否能适应环境，而与强弱无关的观点。他在后面的论述中进而认为，竞争不一定是互相残杀之争斗，也可以是促使弱者奋发有为的策励式的竞争，而策励式的竞争与互助相结合，才是生物得以进化繁荣的根本原因。

此时的钱锺书未能通读《进化与伦理》原著，也对赫胥黎其人其说缺乏全面了解，所以对赫胥黎的理解存在偏差。他对赫胥黎的评价措辞激烈，甚至以"厉阶"（即祸端）这样的词形容其对达尔文的"误解"，反感之情溢于言表。很显然，少年钱锺书忧心的是赫胥黎对天道不仁、万物相杀的自然法则的揭示会给人类社会带来危险示范，造成将弱肉强食、成王败寇合法化的倾向，削弱人类社会的道德基础。事实上，《进化与伦理》是根据赫胥黎1892年在牛津大学的演讲稿整理而成，其中明确将生物界的进化原理与人类社会的发展模式加以区分，在赫胥黎看来，生物界没有道德标准，因此，弱肉强食、适者生存的进化律仅适用于生物界，而不适用于人类社会，人类应当发挥互助相亲的本性以谋求共存与发展。早在1887年，赫胥黎即在曼彻斯特"技术教育协会"的演讲中提出了"自然之道无关善恶"的观点，他提醒大家在表面平静的田野背后充斥着杀伐斗争，因此，生物在自然界演化中衍生出的斗争手段在人文世界必须加以限制、禁止。这篇讲稿翌年以"人类社会的生存奋斗"为题发表。其中一些关键句子如"大自然不能教人成德之道，而是德行之敌的大本营"（严复译文："天行人治之常相反。今夫天行之与人治异趋，触目皆然，虽欲美言粉饰无益也"，《天演论》，卷下，论十四）等出现在他以"进化与伦理"为题的讲演中。①

虽然钱锺书对赫胥黎的反感有些情绪化，但他对达尔文、赫胥黎的生物进化论的反思②，对社会达尔文主义的警惕，及他在反思进化论基础上所建构的辩证进化说（即策励式竞争与团体互助相济以推动进化说，此说与陈独秀 1915 年答李平信中所谓竞争与互助乃进化的两轮之说相呼应），无疑是达尔文进化论在中国所产生巨大影响的一个不可忽视的回声，也是对进化论伦理学（evolutionary ethics）探索之路的一缕不可无视的光照。此外，钱锺书在反思进化论过程中所展现出的关于西方哲学的学识，也非常值得关注。

首先，钱锺书在批驳赫胥黎之"谬见"时，提到西方明哲如倭恩也犯有同样错误。倭恩（Rudolf Christoph Eucken）又译倭铿、倭根，现译奥伊肯，乃德国近世生命哲学家，与狄尔泰、柏格森齐名，1908 年因其"维护和发展了理想主

---

① 王道还《重读〈天演论〉》，《科学文化评论》，2012 年第 1 期。
② 钱锺书此后对进化论续有关注，他译出了英国学者威尔斯（H.G.Wells）《世界史纲》中《天择与种变》一节，文中提出"较适者（Fitter）生存"之说。钱锺书认为此说较达尔文"最适者（Fittest）生存"之说更见精警。（见钱锺书《天择与种变》"译余赘语"。）

义的生命哲学"①而获得诺贝尔文学奖,著有《精神生活在人类意识和行为中的统一》(1887)、《人生的意义与价值》(1907)、《当代伦理学与精神生活的关系》(1913)、《人与世界——生命的哲学》(1918)等书,在20世纪初叶影响甚大。1916年,章士钊撰文介绍说,他在游英、日的十年间,发现两地学人对柏格森与奥伊肯的学说趋之若鹜,在日本,甚至中学生也无不知有创造进化、精神生活诸名义,但在当时的中国,却没有一本书和一篇论文谈及柏格森与奥伊肯。他因而慨叹,"人言中国贫乏,大抵指民穷财尽而言。愚以为中国第一贫乏,莫如智识"②。奥伊肯将自己的哲学称为"精神生活哲学",他认为哲学不应以抽象概念为中心,而应该以活生生的生命或生活为中心。③对于生命的本质,奥伊肯认为,生命的初级阶段是自然生活,高级阶段是精神生活。精神生活并不是一种自然延续的进化,或一种可以遗传的本能,也不是一种能够从日常经验的活动中获得的东西,因为它极其内在而深刻,我们必须去唤醒它。每一个个体必须穷其毕生的努力才能重新占有精神生活,从而获得一种精神个

---

① 见诺贝尔文学奖官网:https://www.nobelprize.org/prizes/literature/1908/summary/(原文为:"vindicated and developed an idealistic philosophy of life.")

② 民质(章士钊)《倭铿人生学大意》,《东方杂志》第13卷第1号,1916年1月,第1页。收入《章士钊全集》第3卷,上海:文汇出版社,2000年,第633—640页。

③ 刘梅《精神生活:奥伊肯对人生哲学的批判与建构》,《哲学研究》2006年第7期。

性。"精神的实现决不是我们的自然禀赋；我们必须去赢得它，而它允许被我们赢得"。[1]

　　钱锺书应当是不认同奥伊肯将自然状态视为原始甚至野蛮状态，而无视自然生活中的互助牺牲等美德，所以才会批评他曲解了达尔文的原意。从中国古代哲学与文学来看，中国的哲人、文人颇与天地自然相亲，道家主张道法自然、复归于朴，儒家主张天命为性、与天地参，嵇康主张"越名教而任自然"，古典诗歌中的山水田园诗更是表现出了对天地自然的热爱。中国古典哲学中的自然一方面是指大自然，另一方面是指自然本性或本真状态。钱锺书一方面敞开学习西方文学、西方历史与西方哲学，另一方面深受中国古典人文学的滋养，在中国古典哲学领域，对道家与玄学尤为钟情。其《管锥编》评注了十部中国典籍，其中《周易正义》《老子王弼注》《列子张湛注》《焦氏易林》等四部皆为道家与玄学经典，因此，他和众多中国哲人、文人一样，对于山水田园与自然本真有着天然的感情，当其年少之时，对于西方生物学、伦理学领域的进化论思想家将自然界、自然状态视为"德行之敌"（参见上文所引《天演论》），不能不有抵

---

[1] 奥伊肯《生活的意义与价值》，万以译，上海：上海译文出版社，1997年，第91页。

二、"生物恃互助竞争相剂而进化说"

触情绪。① 这一点在他对霍布斯（Thomas Hobbes）的批评中也可窥见。

钱锺书认为，赫胥黎等人的进化学说一方面误解了达尔文的本意，一方面过信霍伯士（通译霍布斯）《利维坦》（*Leviathan*，"利维坦"原为《旧约全书·约伯记》中记载的一种海兽，霍布斯用它来比喻君主专制政体的国家）中所谓"人类在自然中，仅以保存己身之幸福为目的而生活——仅有'对于一切之一切战争'"这一观点，所以才会将生物界视为饥肉渴血的修罗场，其中的个体为了自身利益，不得不进行连续不断的残忍争斗，唯有最强捷的生物，才能繁荣，互助牺牲根本就不存在。（参见上文所引《进化蠡见》）关于霍布斯的政治哲学名著《利维坦》，钱锺书于正论、戏笔中多次提及的罗素（Bertrand Russell）在其《西方哲学史》（*History of Western Philosophy*）中有专章介绍。罗素认为，霍布斯是一个不易分类的哲学家，他和洛克（Locke）、贝克莱（Berkeley）、休谟（Hume）一样，都是经验主义者（empiricist），却又是一个数学方法的崇拜者（admirer），他的世界观更多受到伽利略（Galileo）的影响，而不是培根。由于对数学方法的兴趣，他得以避免英国经验论哲学家

---

① 关于自然之道是否有善恶的问题，钱锺书后期有了更成熟、更辩证的认识，他在对老子"天地不仁"及"道法自然"等观念的解析中，提出大自然亦存在"万物并育而相害"的情形，并认为这种现象符合"达尔文新理"。（见中华书局1986年版《管锥编·老子王弼注》第四则、第九则，第417—422页，第433—438页。）

错误理解科学方法的缺陷。他所提出的问题解决方案，合乎逻辑，但忽略了不易处理的事实（awkward facts）。他的国家理论比马基雅弗利（Machiavelli）更现代，值得深入探讨。《利维坦》一书奠定了他的声誉。在这本书中，霍布斯对自然状态（state of nature）下的混乱、纷争和政府与国家的起源、属性及必要性作了详尽探讨。他认为，在自然状态下，人类基于自我保护需要（the impulse to self-preservation）而产生的对个人自由及主宰他人的欲望，会酿成冲突，这种冲突又会演变为自相残杀的战争（a war of all against all），为了逃脱自然状态下的罪恶，人类必须通过社会契约（social contract）把个人权利部分让渡给中央政权，以保障全体的和平共存。而从避免争斗与内战而言，最好的政体是君主制（government by a monarch），而非议会制（government by an assembly）。[1]

对于霍布斯的自然状态及国家起源说，钱锺书明确反对。他援引俄国无政府主义理论家克鲁泡特金（Petro Kropotine）的社会发展史名著《互助：一个进化的因素》（又译《互助论》，即钱锺书引用的 Mutual aid）中的观点指出，"生物之进化，金恃互助，非由竞争"，但又认为，"互助仅可视为生物社会成立之原因，至于由此社会过渡至他社会

---

[1] Bertrand Russell, *History of Western Philosophy* and its Connection with Political and Social Circumstances from the Earliest Times to the Present Day. London: Routledge, reprinted in 1999, pp531—541.

二、"生物恃互助竞争相剂而进化说"

之所以然,终觉不能澈底解释"[①]。钱锺书因此提出了他自己的社会起源与进化论,他说:"夫社会之成立,既由于个体中需要性之相感,当然社会中之各个体不能不互助牺牲,使此社会之根本坚固。同时亦不能不发生竞争以使此社会进化。第此种竞争,非犹赫胥黎等目中之生物竞争,实是一种无形之策励,使弱者不致落伍,以使此社会中之各个体皆奋发有为,能得相等之发达进步。"[②]按照钱锺书的看法,社会的成立,确实基于个体的需要,社会的稳固,有赖个体间的互助牺牲,社会的进化,不能排斥弱者,而应通过策励式竞争使所有个体奋发有为,共同进步。这是少年钱锺书基于性善论的乌托邦想象,与霍布斯只看到自然本性中的弱点及为了抑制冲突、内乱而推崇君主制,形成了显著对照。由此也再次反映出,钱锺书在中小学时期对西方哲学的接触学习,并非机械接受,盲目崇信,而是带着反思的态度观照其所学,并力图形成自己对世界、对人生的理解与解释。

---

① 钱锺书《进化蠡见》。
② 钱锺书《进化蠡见》。

三、"于知觉与理智之外,别标直觉"

钱锺书在清华大学外文系的同班同学饶余威1968年写了一篇《清华的回忆》,有一节提到钱锺书:

> 同学中我们受钱锺书的影响最大。他的中英文造诣很深,又精于哲学及心理学,终日博览中西新旧书籍……①

钱锺书于1929年考入清华大学外文系,在广泛修习西方文学及英、法、德等诸种西方语言之余,对哲学的兴趣不

---

① 杨绛《记钱锺书与〈围城〉》,见钱锺书《围城》附录,北京:人民文学出版社,1997,第354—355页。

三、"于知觉与理智之外,别标直觉"

减,阅读了大量西方哲学著作与期刊①,并在《清华周刊》《新月月报》《大公报·文艺副刊》等报纸杂志上发表了诸多关于西方哲学的评论文章,加上哲学课成绩超等,所以饶余威会留下钱锺书"精于哲学"的印象。从清华外文系1926—1927年度及1929—1930年度学程表可见,外文系的大二学生需到同院哲学系、历史系选修"西洋哲学史"或"西洋中世及近世史"中的一门。② 钱锺书选修了哲学系的西洋哲学史课程。

清华哲学系是1926年该校由"赴美预备学校"升格为大学后五个最早的文科学系之一(其他四系为中国文学系、西洋文学系、历史学系、社会学系,其中西洋文学系于1928年易名为外国语文学系)。清华哲学系首任系主任为金岳霖。金岳霖的博士专业原本是政治哲学,但他在欧美游学期间接触到罗素等分析哲学家,本就对政治缺乏兴趣的他倏然对逻辑学产生了极大兴趣,便借游学欧美的机会自学逻辑学和分析哲学。回国受聘清华哲学系后,金岳霖出任首任系主任,

---

① 1933年,钱锺书在《大公报·文艺副刊》第十三期发表《论俗气》一文,谈到比喻或象征无形中包含类比推理(analogy)等问题,参考了英国哲学家怀特海(Alfred North Whitehead)1927年出版的著作《象征主义:意义与效果》(*Symbolism, Its Meaning and Effect*),以及1932年5、6月号的《哲学评论》杂志(*Revue philosophique*)。这样的例子不胜枚举。

② 王孙禹等编著《清华时间简史:人文社会科学学院》,北京:清华大学出版社,2016,第47—53页。

开始设计和创建逻辑学课程体系，并自编教材。① 钱锺书对金岳霖印象甚深，《围城》中的赵辛楣学政治出身，方鸿渐教论理学（即逻辑学，又译名学），像是金岳霖在学术上分身为二。短篇小说《猫》里大谈西洋科学法及知识分子"坐臀"功夫的郑须溪也有金岳霖的影子。

1926 年正式成立的清华哲学系最初只有教师一人（即 31 岁的金岳霖），及学生两人。数年后，冯友兰出任清华哲学系第二任主任。作为清华哲学系的早期创建者，金、冯二人为"清华哲学学派"的形成奠定了基础。20 世纪 30 年代受聘于清华哲学系的张申府、张岱年两兄弟也为"清华哲学学派"作出了重要贡献，同时期先后进入清华哲学系的教师还有贺麟、邓以蛰等诸多哲学名家。② 钱锺书所修西洋哲学史课程的授课老师是邓以蛰，给了他"超+"的评分。张申府对钱锺书也极为欣赏，大约在 1932—1933 年期间，张申府在《大公报》上主编"世界思潮"副刊，介绍新思想、新科学、新书刊。在刊于"世界思潮"的一篇文章中，张申府称："钱锺书和我的兄弟张岱年并为国宝。"③ 冯友兰对钱锺书的鸿通学养及哲学天分同样赞赏有加，他评价说：

---

① 万俊人《清华哲学系家谱叙——序〈学不分东西——清华大学哲学系教师论文集〉》，见夏莹主编《清华大学文史哲谱系》，北京：清华大学出版社，2020。
② 万俊人《清华哲学系家谱叙——序〈学不分东西——清华大学哲学系教师论文集〉》。
③ 常风《和钱锺书同学的日子》，《山西文学》2000 年第 9 期。

三、"于知觉与理智之外,别标直觉"

"钱锺书不但英文好,中文也好,就连哲学也有特殊的见地,真是个天才。"① 从本书第一篇所介绍的钱锺书中学时代的《读报的乐趣》《进化蠡见》等文可见,他不是简单复述西方哲人的观点,而是能够针对他所关注的哲学问题,批驳或推进前人的观点,并大胆提出自己的看法,部分想法已颇有见地。

钱锺书于1929—1933年在清华就读,大二所学的西洋哲学史课程对他系统学习和了解西方哲学具有根基性意义。由于任课教授邓以蛰所使用的教材并未流传下来,可以通过钱锺书的清华学弟李长之于数年后编写的《西洋哲学史》,一窥钱锺书所学西洋哲学史的大概内容。李长之于1931年考入清华大学生物系,两年后转哲学系,师从张东荪、金岳霖和冯友兰等哲学名家,1934年后曾参与《清华周刊》等多份报纸杂志的编务。钱锺书于1931年、1932年在《清华周刊》发表《实用主义与波特主义》(Pragmatism and Potterism)等英文文章多篇,虽然不是由李长之编发,但两人在清华求学的时间相当接近,也都对诗学、哲学及创作有兴趣。从李长之的思辨性言述中,可以看到他与钱锺书先后亲炙的"清华哲学学派"的影响与润泽。

李长之编著的《西洋哲学史》是抗战时期出版的"青年必读丛书"中的一种,作者坦承此书的体例、内容"采自法人韦伯(A.Weber)《哲学史》(The History of

---

① 孔庆茂《钱锺书传》,南京:江苏文艺出版社,1992,第42页。

Philosophy），并参以他书而成"。[①] 经查，A.Weber 当为阿尔弗雷德·韦伯（Alfred Weber），并非法国人，而是德国经济学家、社会学家，以其强调科技发展与文化之间的关联性的文化社会学（Culture-Sociology）理论著称于社会学界，马克斯·韦伯是他的弟弟。从纽约1897年版英译本《哲学史》的扉页介绍可见，韦伯时任德法边境的法国斯特拉斯堡大学教授，英译者斯利·弗兰克（Thilly Frank）时任美国密苏里大学哲学教授，同时可以看到，1897年版英译本《哲学史》是从该书的法文原著第五版译出。[②] 李长之通晓德、英、法、日、俄等多种外语，在清华大学哲学系求学期间，通读了德国古典时期温克尔曼、康德、歌德、席勒、洪堡（当时译为宏保耳特）、荷尔德林（当时译为薛德林）等人的德文原著，写出了《德国古典精神》一书。[③] 因此，以德国学者的《哲学史》为依托编写普及性质的《西洋哲学史》，对他来说可谓游刃有余。

该书目录的主要部分如下：

[①] 李长之《西洋哲学史》例言，见李长之《西洋哲学史》，北京：中国国际广播出版社2017年重印。
[②] Alfred Weber, *History of Philosophy*, authorized translation by Frank Thilly, New York: Charles Scribner's Sons, 1897.
[③] 于天池、李书《一部简明而富于文学色彩的哲学史》，李长之《西洋哲学史》2017年重印本序言。

三、"于知觉与理智之外,别标直觉"

第一篇　希腊哲学
　　第一章　作为西洋哲学之摇篮的希腊
　　第二章　宇宙论时期
　　第三章　人事论时期
第二篇　中古哲学
　　第一章　希腊哲学之继续
　　第二章　在教会权威压抑下作为近代精神之潜流的经院哲学
第三篇　近代哲学
　　第一章　近代人的精神生活之渊源及其特征
　　第二章　科学的方法论之确立
　　第三章　理性论派的三大代表——笛卡尔、斯宾诺莎、莱布尼茨
　　第四章　英法德之启蒙运动
　　第五章　近代哲学之极峰(上)——康德
　　第六章　近代哲学之极峰(下)——黑格尔
　　第七章　哲学界现势——唯心论之继续发展实证主义新实在论[①]

[①] 李长之《西洋哲学史》目录。

对照阿尔弗雷德·韦伯的《哲学史》目录可见，李长之的确是沿袭他的思路，将西方哲学史分为希腊哲学（Greek Philosophy）、中古哲学（Philosophy of Middle Ages）及近代哲学（Modern Philosophy）三大板块，并依次介绍了古希腊宇宙论时期尝试摆脱神话思维而以理性解释世界的米利都学派（泰勒斯、阿那克西曼德等）、主张不变论的埃利亚学派（色诺芬尼、巴门尼德、芝诺等）、变革的哲学家赫拉克勒斯、初次完成科学世界观的德谟克利特、人事论时期人本主义运动及其代表人物辩者与苏格拉底、希腊哲学之极峰柏拉图与亚里士多德、中古时期希腊哲学之继续及经院哲学之探索。近代时期着墨最多，介绍了科学方法论的确立，理性论派的三大代表笛卡尔、斯宾诺莎、莱布尼茨，英法德启蒙运动，近代哲学之极峰康德、黑格尔，以及作为西方近代哲学新思潮的新实在论（new realism）。新实在论的代表人物包括摩尔（钱锺书译为穆尔）、罗素、怀特海等。

李长之的《西洋哲学史》于1941年出版后，同样撰有《西洋哲学史》并与邓以蛰有"北邓南宗"之称的宗白华对这本西方哲学史教材非常欣赏，他在重庆的《时事新报》上推介说："中国近代出版的哲学书数量不大，能散布着智慧的愉悦的更是不多。往往不是晦涩难读，就是企图着纯学术以外的目的，或是两者兼而有之。李长之君这本小的《西洋哲学史》里却包罗着溢出篇幅以外的丰富的哲学生命；这里是西洋两千多年的心灵底探险，智慧的结实；用着热情（对哲学

三、"于知觉与理智之外，别标直觉"

的真正热爱）和明澈的态度，为着没有学过哲学书而徘徊于哲学门墙之外的青年写的。很明显地，作者很想把他对于哲学的爱也传染给他的青年朋友们。"①

钱锺书在清华期间所修西洋哲学史课程的主要内容，应该与其学弟所编的这部《西洋哲学史》中的内容大致相当。从他散文、小说及诗学文论等各种著述中对两千多年来西方哲学名著的娴熟征引及对两千多年来西方哲学理论的自如应用可见，他对西方哲学的研读与了解，绝非局限于某一人、某一国或某一时代，而是兼具系统性与全面性。这与西洋哲学史课程给予他的训练及带给他的眼界不可分割。在课堂教学之外，钱锺书强烈的哲学自觉与爱智热情驱使他关注更多的哲学问题，研读更多的哲学著作，其中柏格森哲学为当时的他所青睐。

本书开首提到，钱锺书在清华园约见杨绛时，介绍她读柏格森的《时间与自由意志》。该书是柏格森的博士论文，提出了著名的"绵延"理论，全名为《时间与自由意志：论意识的直接材料》（*Time and Free Will: An Essay on the Immediate Data of Consciousness*），首次出版于1889年。该书原文为法文，普格森（F.L.Pogson）的英译本于1910年由伦敦的乔治·艾伦与昂文出版公司（London: George Allen and Unwin）出版。柏格森是直觉主义哲学的开创者，也是

---

① 见《时事新报·学灯》第135期第4版，1941年7月14日。

创造进化论的提出者。他拒绝传统哲学的概念化的抽象思维方式，主张直觉比逻辑思维更能洞见本真，主张内在意识具有绵延性，自由意志并非脱离时间。这引发了哲学界的极大反响与争议，也影响了众多 20 世纪初叶的哲学家、作家的理论思维与创作思维，如怀特海认为世界是一个过程的过程哲学（Process Philosophy）、普鲁斯特的意识流写作等。柏格森于 1927 年获得诺贝尔文学奖。瑞典学院在颁奖致辞中指出，柏格森"源自直觉的洞见"（intuitive discovery）发端于《时间与自由意志》，该书认为时间并非抽象或形式化的存在，而是与生命及人类自身不可分割的现实。这种"具体的时间"（living time）就是"绵延"（duration），它是生命之流，拒绝"反思"（reflection），"只有直指本源的内省、专注的意识才能感知"[1]。瑞典学院进而盛赞柏格森于 1907 年出版的哲学名著《创造的进化》是"一篇震撼人心的华丽诗篇，一个含蕴广阔视野和不竭之力的宇宙论，同时遵循严格的科学方法论"[2]。

---

[1] Presentation Speech by Per Hallström, President of the Nobel Committee of the Swedish Academy, on December 10, 1928.（Nobel Lectures, Literature 1901—1967, Editor Horst Frenz, Elsevier Publishing Company, Amsterdam, 1969）（原文为："It can be perceived and felt only by an introspective and concentrated consciousness that turns inward toward its origin."）

[2] Presentation Speech by Per Hallström, 1928.（原文为："In the account, so far definitive, of his doctrine, L'Évolution créatrice, the master has created a poem of striking grandeur, a cosmogony of great scope and unflagging power, without sacrificing a strictly scientific terminology."）

三、"于知觉与理智之外,别标直觉"

钱锺书考入清华外文系是在柏格森获得诺贝尔文学奖两年后,作为兼有哲学情怀、审美兴趣,心性偏于性灵、慧悟一派,以及从小学开始就接触探究进化论的青年学子,关注并倾心于柏格森哲学,是很自然的事。

1933年10月,钱锺书从清华毕业后,在《大公报·世界思潮》刊发《作者五人》一文,其中有一节评论美国哲学家、心理学家詹美士(William James,通译威廉·詹姆斯,著有《心理学原理》《实用主义》《彻底经验主义论文集》等,是美国机能心理学和实用主义哲学的先驱)的文字以柏格森为参照:

> 詹美士的火气更大,不比穆尔的淡漠或卜赖德雷的庄重。Macy在《美国文学的精神》(Spirit of American Literature)里把"勇往直前"(straight-forward)四个字——也就是詹美士批评柏格森的四个字——来形容詹美士的文笔,一些儿不错。因为他有火气,所以他勇往直前,大笑大闹,充满着孩子气。[①]

有西方论者指出,"柏格森与詹姆斯相互崇拜,詹姆斯

[①] 钱锺书《作者五人》,《钱锺书散文》,杭州:浙江文艺出版社,1997,第146—147页。

认为他从柏格森那里汲取了有益的思想"[1]。的确，柏格森的绵延理论与詹姆斯的意识流动理论颇有相通之处。钱锺书颇具慧眼地观察到詹姆斯与柏格森在思辨风格与文风上的相似性，并认同两者的文笔皆称得上"勇往直前"。詹姆斯是钱锺书所谓"五个近代最智慧的人"[2]之一，其余四位为穆尔（G.E.Moore，通译摩尔，英国分析哲学家，著有《伦理学原理》等）、卜赖德雷（Bradley，通译布拉德莱，英国哲学家、逻辑学家，新黑格尔主义代表，著有《逻辑原理》等）、山潭野衲（Santayana，通译桑塔亚那，著名的西班牙裔美国哲学家、美学家），还有与中国学界关系密切、屡被钱锺书点名的英国分析哲学家罗素。在钱锺书看来，这五人"都写着顶有特殊风格的散文，虽然他们的姓名不常在英美散文选那一类书里见过"[3]。从钱锺书对詹姆斯文风的赞美可以推断出，他对柏格森的文风也是喜爱的（后文将在讨论钱锺书的文学研究思维与创作思维时，介绍分析柏格森"譬喻为穷理之阶"的观点，及其说理喜用比喻并为罗素所嘲讽的西方哲学史公案）。但柏格森是法国哲学家，其著作原文是法文，钱锺书在清华期间所读柏格森著作主要是英译本，如他推荐

---

[1] Barry Allen, The use of useless knowledge: Bergson against the pragmatists, *Canadian Journal of Philosophy*, 2013, Vol. 43, No. 1, pp.37—59.（原文为："Henri Bergson and William James were great admirers of each other, and James seemed to think he got valuable ideas from Bergson."）
[2] 钱锺书《作者五人》，《钱锺书散文》，第 142 页。
[3] 钱锺书《作者五人》，《钱锺书散文》，第 142 页。

给杨绛的《时间与自由意志》，且他对自身法语水平的信心还未达到巴黎留学后那种程度，因此，他未有直接评论柏格森的文笔，也未作出柏格森的哲学文章可收入法国散文选的判断，表明他头脑清醒，不会不顾语言界限而轻易下断语。

同样在1933年，钱锺书于英文刊物《中国评论周报》发表了对《欧洲小说与小说家》一书的书评，其中有一节提到了柏格森的"绵延"理论：

> Considering the amateurish efforts that have been made to father the "Conscious Stream" method in fiction on some philosophical theory, it might be well to take what Prof. Pollard says about Marcel Proust as a jumping-off place for a little digression. Prof. Pollard says the usual thing about the influence of Bergson and Freud on the technique of Proust. But the method of Proust seems to me to have more affinity with Hume's philosophy than with Bergsonism or Freudian psychology in its stress on association and its atomistic or cinematographic view of personality. Psychological atomism and associationism are really the working hypotheses of Proust, and the Freudian wish and Bergonian durée furnish but materials for him to work upon. Bearing in mind Humian philosophy, and what Otto Weininger says about woman, and what English traits

are, I venture to think it is not mere chance that an English woman (Mrs. Virginia Woolf) should be the consummate mistress of this method.[①]

参考译文（此处及以下所有参考译文均为笔者试译）：

鉴于哲学理论无意中启迪了小说中的"意识流"手法，则适当偏题介绍波拉德教授对于普鲁斯特的评论也许是合宜的。波拉德教授不出意料地指出，柏格森与弗洛伊德对普鲁斯特的艺术手法产生了影响。但我以为，相对于柏格森主义或弗洛伊德心理学，普鲁斯特的艺术手法与休谟哲学在对联想的重视以及在对性格[②]的原子论式的或电影摄影式的审视方面更为契合。心理原子论与观念联想论确实是普鲁斯特的理论假设，弗洛伊德所谓意愿，柏格森所谓绵延，只是为他提供了材料。考虑到休谟哲学，奥托·魏宁格对女人的评论，以及英国人的品性，我要大胆假设，一个英国女人（弗吉尼亚·伍尔芙女士）会成为这一艺术手法的完美情妇，并非偶然。

---

① Ch'ien Chung-shu, *Great European Novels and Novelists*, A Collection of Qian Zhongshu's English Essays. Beijing: Foreign Language Teaching and Research Press（外语教学与研究出版社），2005, pp.24—25.
② 钱锺书将"personality"理解为"性格"，在《中国诗与中国画》一文中，他将"personality types"译为"性格类型"，见《七缀集》（修订本）第10页。笔者以钱锺书本人的译法为参照，将"personality"译为"性格"。

三、"于知觉与理智之外，别标直觉"

联想（association）是一个心理学范畴，与人们对以往经验与事件的追忆、记忆密切相关。当一个人在追忆往事时，相关的其他事件和经验同时浮现，即是联想。普鲁斯特的《追忆逝水年华》即充分应用了联想原理。休谟提出了联想的三种基本形式：相似联想、时空相邻联想，以及因果。心理原子论则认为，一切经验都可以解析为分散的、个别的感觉。因此，联想也可以说是对离散的、湮灭的感官感受的召唤，有如《追忆逝水年华》里的小玛德兰点心通过味觉唤起叙事者的童年回忆。

前文曾提到钱锺书对霍布斯、奥伊肯等西方哲学家的反思与批判，而此处在对意识流手法的哲学、心理学基础的分析中，他再次表现出对于西学不盲目崇拜、不机械吸收且勇于反思的态度。此时的他固然喜欢柏格森哲学，却无意夸大其价值，而是根据他自己的理解，肯定了休谟哲学对于意识流手法的启迪意义。他的俏皮刻薄从他参照《性与性格》[①]的作者、奥地利厌女症哲学家奥托·魏宁格的观点（他认为女人只有两种，一种是主妇，一种是娼妇），以戏谑语言将伍尔芙称为意识流文学的情妇，即可见一斑。钱锺书此后的小说、散文发展了这种纵横捭阖、恣意调遣古今中外各种理论知识、不时调侃中外名家圣哲的智者与幽默家的风格。

[①] 按，魏宁格《性与性格》的德文原标题为 *Geschlecht und Charakter*，英译为 *Sex and Character*。钱锺书译为《性别与性质》。（见钱锺书《鬼话连篇》，《钱锺书散文》，第109页。）

在钱锺书的灵魂中，住着诙谐的萧伯纳（George Bernard Shaw）与东方朔，也住着大闹天宫的孙悟空。

钱锺书从清华毕业后，在上海光华大学教了两年英语，对上海及上海人有了一定认识。在其英文著述中，有一则谈论上海人的短文，题为"Apropos of the Shanghai Man"（《关于上海人》），刊于1934年11月1日出版的 *The China Critic*，即《中国评论周报》。此文虽简短，但阅读障碍却不小，其间掺杂着一些法文及一些学术术语，如"巴比特式的人"（Babbittian sort of person，即市侩式的人，按，文中误 Babbittian 为 Babbitian），"拉伯雷式的热情洋溢"（Rabelaisian heartiness），还引用了法国诗人波德莱尔、波斯王薛西斯（Xerxes）的诗文和议论。此文的灵感来自一个礼拜天的午后。当时，钱锺书正走在上海的南京路上，人流拥挤，天色阴沉，波德莱尔的诗句浮现在眼前："天空：巨大的黑色壶盖，无数世代的人类在壶中沸腾。"钱锺书因而产生了薛西斯式的感喟（sentimental reflection）："那些汹涌人潮中的人，百年后将无一幸存。"[1] 据说波斯王薛西斯一世有一次骑在马上，看着得胜归来的百万大军，骤然想到，在这庞大的军队中，将不会有太多的人在百年之后还能生活在这个世界上。钱锺书随后感叹说，在构成礼拜天人潮的人

---

[1] Ch'ien Chung-shu, Apropos of the Shanghai Man, *The China Critic*, VII No.44, November 1, 1934.（原文为："no one of these multitudes would be alive when a hundred years had gone by."）

中，至少有百分之二十的人没有也无法适应上海。为了说明这种心理现象，他引入了柏格森的概念，并对林语堂为什么会在上海提倡新幽默作了文学心理学、文学地理学式的说明：

Now this failure to adapt oneself to one's milieu may be a case of what Bergson calls "raideur" and therefore fit for ridicule. But we might be mistaken; for this apparent raideur is perhaps the sign of strong character and superior intelligence. Have not men of powerful intellect and fine sensibility often complained within our hearing that felt out of their element in Shanghai, or that they at once despised and envied the contentment of the "Shanghai Man" with his environment? It is no sheer accident that the campaign for humor inaugurated by the *Analects Semi-monthly* should have started among the Shanghai Intellectuals.

参考译文：

一个人无法将自己融入其社会环境可以说是柏格森所谓"僵化"的例证，因而该受嘲笑。不过，我们也许误会了；因为这种引人注目的僵化也许是个性强、智力高的标志。我们不是经常听到极其睿智而敏感的人抱怨他们在上海感到格格不入，或对"上海人"能够怡然自得于他的处境既鄙视又忌恨？由《论语》半月刊倡导的幽默运动首先会在上海文人圈里兴起，并不令人意外。

1924年，林语堂（撰文时署名林玉堂）首次将西文中的"humor"译为"幽默"，并公开提倡幽默。他认为，中国人的文字少"幽默"，只有"正经话"和（粗鄙显露的）"笑话"，而西方人的著作如詹姆斯的心理学（应为 The Principles of Psychology，即《心理学原理》，1890年出版）却常带一两句不相干的"最高尚的精神消遣"式的俏皮话。他因而主张"在高谈学理的书中或是大主笔的社论中不妨夹些不关紧要的玩意儿的话，以免生活太干燥无聊"[①]。同年6月9日，林语堂对为何将"humor"译为"幽默"及"幽默"与"笑话"的区别作了说明："凡善于幽默的人，其谐趣必愈幽隐，而善于鉴赏幽默的人，其欣赏尤在于内心静默的理会，大有不可与外人道之滋味，与粗鄙显露的笑话不同。幽默愈幽愈默而愈妙。故译为幽默，以意义言，勉强似乎说得过去。"[②] 这个辨析是必要的，因为幽默与笑话很难区分，但又必须区分，否则其立论就会自相矛盾，也无法彰显幽默的区别性特征。按照林语堂的解释，所谓"幽默"不同于粗鄙外露的笑话，而是幽隐的谐趣，须静心体会。这个解释，正如"幽默"这个译法，均颇具巧思，也融入了中国

---

① 林玉堂《征译散文并提倡"幽默"》，《晨报副刊》，1924年5月23日。
② 林玉堂《幽默杂话》，《晨报副刊》，1924年6月9日。

现代文学史的话语体系。因此，将林语堂称为"幽默"的发明者是恰当的。[1]1932年，林语堂创办《论语》半月刊，进一步提倡幽默及幽默文学，并主张幽默不是文字游戏，而是一种人生观和对人生的批评[2]，但由于当时正是九一八事变后内忧外患的危难时局，在这个时候主张幽隐的谐趣及性灵闲适，难免让人感觉不合时宜，所以招致鲁迅及左翼作家的批评。其时，钱锺书尚在清华大学求学，应当关注到了这一文坛热点，一年后去上海任教，来到他所谓林语堂"新幽默"（new humor）[3]的发祥地，对于幽默文学问题应该有了更多思考。所以在1934年的《关于上海人》一文中，钱锺书对林语堂为什么会在上海提倡新幽默提出了自己的看法。他借用柏格森的"僵化"说分析外省人无法融入上海社会、几十年仍如局外人的疏离感。"僵化"的法文原文是raideur，英译为rigidity。1900年，柏格森出版了探讨喜剧美学的名著《笑——论滑稽的意义》（法文名为：*Le Rire. Essai sur la signification du comique*；英文名为：*Laughter, an essay on the meaning of the comic*）。在这本书中，柏格森提

---

[1] 加拿大汉学家雷勤风（Christopher Rea）在《大不敬的年代：近代中国新笑史》（*The Age of Irreverence: A New History of Laughter in China*）一书中，将与林语堂相关的一节称为"幽默的发明"（The Invention of Humor），加州大学出版社（University of California Press），2015。

[2] 林语堂《论幽默》，《论语》第33期（1934年1月16日）、第35期（1934年2月16日）。

[3] Ch'ien Chung-shu, *Apropos of the Shanghai Man*.

出了"机械式的僵化"（raideur de mechanique；mechanical inelasticity）这一概念，他认为，喜剧是机械运动的模仿，演员的身体动作僵化笨拙如同一台机器①，就会产生滑稽效果。②柏格森特别赞赏恒动不息的精神力量与超越物质的灵气，在他看来，人类应按照自己的心意赋予物质以一定形式，而不是反之。因此，机械僵化是供人取笑的对象。钱锺书认为，身处上海几十年仍觉格格不入的人即是体现了"僵化"症候，他所谓上海文人的"僵化"表现也可能是由于个性强、智力高，则分明有反讽的意思。他进而指出，林语堂所倡导的新幽默不过是旧幽默的"窄化"（writ small），既无"拉伯雷式的热情洋溢"，也无"莎士比亚的博大"（Shakespearean broadness），充斥着"对欧洲学院生活及明代文化的怀旧意识"③。他最后总结道，我们的新幽默家的幽默委实脱离实际，他们之所以笑，也许只是碍于礼节而不能哭。④林语堂在《论幽默》一文中认为，只要"世事看穿，心有所喜悦，用轻快笔调写出"，文章就自然幽默。⑤但钱锺书却认为，他们的幽默其实是言不由衷，刻意营造，以笑掩哭，缺乏拉

---

① 原文为："body reminds us of a mere machine."
② Ian Wilkie and Natalie Diddams, Waves of laughter: comic surfing on Bergson's mechanical inelasticity, *Comedy Studies*, Volume 12, 2021(1), pp. 91—103.
③ Ch'ien Chung-shu, *Apropos of the Shanghai Man*.（原文为："a kind of nostalgia as evinced in the loving memory of the academic life in Europe, the rehabilitation of the culture of the Ming Dynasty...."）
④ Ch'ien Chung-shu, *Apropos of the Shanghai Man*.
⑤ 林语堂《论幽默》。

伯雷式的澎湃生命力，所以并不是对幽默传统的发扬光大。这种批评思路可以说是对柏格森基于对生命活力的肯定而提出的"僵化"理论的灵活应用。

柏格森对钱锺书更深刻的影响，在其文论代表作《谈艺录》中可窥见踪迹。《谈艺录》是钱锺书年轻气盛、恣意挥洒才智之作，他将与友人闲谈艺文时的咳唾成珠化为笔底烟霞，为后世留下一部会通中西、隽文与妙悟并辉的现代诗话经典。此书最初写于1939年冬，当时钱锺书在湖南安化县蓝田国立师范学院外文系任教，经文友冒景璠提议，"始属稿湘西，甫就其半"[①]。两年后回到上海，又补写另一半，于1942年完成初稿。此书第五、第六条分论性情、才学与神韵，是认识钱锺书谈艺之道与艺文之道亦即其批评与创作取向的关键。钱锺书以"神韵"为"诗中最高境界"[②]，主张"调有弦外之遗音，语有言表之余味，则神韵盎然出焉"[③]，他还特别指出，在中国典籍中，"神"有二义，一是"养神"之"神"，即"宋学家所谓知觉血气之心"，二是"精义入神"之"神"，即庄子所谓"神明"，"并非无思无虑，不见不闻，乃超越思虑见闻，别证妙境而契胜谛"。[④] 钱锺书随后以柏格森直觉主义哲学中关于"直觉"的认识功能的判断为依据，

---

① 《谈艺录》卷首，钱锺书《谈艺录》，北京：中华书局，1984。
② 《谈艺录》第六则，第40页。
③ 《谈艺录》第六则，第42页。
④ 《谈艺录》第六则，第43页。

进一步阐发了中国古代文学批评中常见的"神"这一范畴的确切含义：

> Bergson 亦于知觉与理智之外，别标直觉（Intuition）；其认识之简捷，与知觉相同，而境谛之深妙，则并在理智之表。盖均合神之第二义。此皆以人之灵明，分而为三（trichotomy）。《文子·道德》篇云："上学以神听之，中学以心听之，下学以耳听之。"……晁文元《法藏碎金录》卷三亦谓："觉有三说，随浅深而分。一者觉触之觉，谓一切含灵，凡有自身之所触，无不知也。二者觉悟之觉，谓一切明哲，凡有事之所悟，无不辨也。三者觉照之觉，谓一切大圣，凡有性之所至，无不通也。"皆与西说吻契。文子曰"耳"者，举闻根以概其他六识，即知觉是，亦即"养神"之"神"，神之第一义也。谈艺者所谓"神韵"、"诗成有神"、"神来之笔"，皆指上学之"神"，即神之第二义……

柏格森认为时间与人的内在生命具有"绵延"（duration）的特性，当一个人试图度量某一时刻时，这一时刻已经消逝，因为时间是变动不居的，且不会完整呈现，人的内在生命与人的自由意志亦如此。"绵延"是不可言喻的，仅能通过一些比喻或意象（images）间接地将其显现，而绝不可能揭示其完整图像（a complete picture），因此，静止的概念无法把握时间与人的内在生命，唯有想象性的单纯直觉（a simple intuition of the imagination）才能洞见绵延的时间与内在生命。[1] 柏格森自己所举的两个例子有助于准确理解其所谓"直觉"的性质。一个例子是城市形象的感知。柏格森认为，分析，或基于多个不同视点的概念创造，如同摄于不同地点的照片，只能提供这个城市的模型，无法像直觉一样给人以亲临其境的现场感（dimensional value）。另一个例子是《荷马史诗》的阅读经验。柏格森认为，译者为《荷马史诗》的一行译文所加上的一堆注释，绝对无法像直觉一样令人体会到阅读原文时的现场感。对柏格森来说，直觉是回到事物本身的方法。[2] 柏格森基于"绵延"理论对直觉的认识功能及本质直观式认知方式的肯定，为钱锺书所偏好的"神韵"论及他对中国古典诗学中"神"这个范畴的辨析，提供了哲学基础和理论依据。钱锺书概括柏格森直觉主义哲学精义指出，柏格森"于知觉与理智之外，别标直觉（Intuition）；其认识之简捷，与知觉相同，而境谛之深妙，则并在理智之表"。这是对柏格森直觉论的精准归纳，有助于中文学界、文坛更好理解柏格森的思想。钱锺书进而指出，柏格森所谓直觉，符合中国古典诗学范畴"神"之第二义，即超越思虑见闻的

---

[1] Henri Bergson, *The Creative Mind: An Introduction to Metaphysics*, pp. 165—168.

[2] Henri Bergson, *The Creative Mind: An Introduction to Metaphysics*, pp. 160—161.（原文为："The method of intuition, then, is that of getting back to the things themselves."）

神思，也即性之所至无不通的"觉照之觉"，而中国古代文论家所谓"神韵""诗成有神""神来之笔"，和柏格森的直觉一样，都是《文子》所谓上等学问（上学）之"神"。"神"之知高于作为中等学问（中学）的"心"之知以及作为下等学问（下学）的"耳"之知，心、耳之知即西方所谓理智与知觉之知。柏格森以直觉为最高认识方法，钱锺书以神韵为最高诗歌境界，又崇尚性灵及谈艺论道之慧悟，可见两者心性与观念的契合。钱锺书初次接触柏格森哲学时，当有他乡遇故知的欣喜。其倾心于柏格森哲学，犹如呼唤与被呼唤的声音相互听到、相互应答。从钱锺书一生的求索、创作及心路历程可见，柏格森与柏拉图、亚里士多德、普罗提诺、休谟、黑格尔、叔本华等西方哲学家对其有着长远影响。在他的精神世界深处，隐藏着一部属于他自己的西方哲学史，即内化为他的知识与心理结构的一个人的西方哲学史。

四、"露钞雪纂久愈富"

2000年，杨绛与商务印书馆达成协议，将钱锺书的全部读书笔记汇编为《钱锺书手稿集》，分为《容安馆札记》《中文笔记》《外文笔记》三个部分。《容安馆札记》（全3册）、《中文笔记》（全20册）先后于2003年和2011年出版。《外文笔记》的篇幅相当于前两部分的总和，约计35000页，共211个笔记本，涉及英、法、德、意、西班牙、拉丁文等多种外语，题材包括哲学、语言学、文学等众多领域，于2015年底全部出齐。迄今已有一些学者对手稿集中的部分内容进行了释读，如王水照《读〈容安馆札记〉拾零四则》、范旭仑《容安馆品藻录》、张治《青年钱锺书的外文阅读书单》、刘铮《青年钱锺书的法文读物》等。陆谷孙认为："钱锺书的《外文笔记》可算是大学问家读书时第一手的'实时'观感记录，其中有些或许已经写入《管锥编》等著作，更多的可能不及整理而散落至今，不为人知。"[①] 的确，钱锺书外文笔记中的部分心得在《谈艺录》《管锥编》中得到了发挥充实，杨绛举例说："《管锥编·楚辞洪兴祖补注》十八则，共九十五页，而日札里读《楚辞》的笔记一则，只疏疏朗朗记了十六页；《管锥编·周易正义》二十七则，共一百零九页，而日札里读《周易》的笔记，只有一则，不足十二页；《管锥编·毛诗正义》六十则，共一百九十四页，而日札里读《毛诗》的笔记二则，不足十七页。"[②]

德国汉学家莫芝宜佳及其丈夫莫律祺参与了《外文笔记》的编纂。她认为钱锺书记笔记的习惯与莱布尼茨相似。莱布尼茨（Gottfried Wilhelm Leibniz）是德国哲学家中的通才及欧洲近代理性主义的代表人物，具有亚里士多德式的贯通文理的博学多识和对一切未知事物、未知领域的孩子般的好奇心，"所有让他感兴趣的东西都要记录下来。而他对一切感兴趣，特别是对非同寻常、乃至怪异的东西"[③]。钱锺书的手稿集也展现出包罗万象的广泛兴趣，"文学、哲学、心理学、语言学、历史学和政治学、书信和自传、优美的诗歌、通俗的故事、轻松的笑话、情色、语言游戏……一切都令他感兴趣，也值得他用飘逸的书法把长长的段落记录下来。这使摘录笔

---

① 陈菁霞《〈钱锺书手稿集·外文笔记〉四十八册全部出齐》,《中华读书报》, 2016 年 3 月 30 日, 01 版。
② 杨绛《钱锺书手稿集》序,《钱锺书手稿集·外文笔记》第 1 辑第 1 册, 北京: 商务印书馆, 2014。
③ 莫芝宜佳《钱锺书的〈外文笔记〉》,《钱锺书手稿集》第 1 辑第 1 册。

记变得有趣而充满享受。我们感觉到：进入钱先生的笔记世界里，读者便置身于一个令人兴奋的环境中，总能获得惊喜，总能有新的发现"[1]。莫芝宜佳还将手稿集与西方各种类型的摘记作品如蒙田的《随笔录》、叔本华的《附录与补遗》、伯顿的《忧郁的解剖》作了对照，她认为，叔本华等人摘记的吸引力在于"出人意料地重新组织在一起的引文"，而钱锺书的《外文笔记》则更向前迈进了一步，"他摘录的引文是有意识地不与他自己的想法混杂在一起的"。[2]

《钱锺书手稿集》第1辑是钱锺书在留学英法时所作的读书笔记，共有三册，书写时间从1935年至1938年，主要包括英、法、德、意四种语言。从中可以观察到钱锺书在留学期间对西方哲学的阅读范围、关注重点与研习心得。

据杨绛介绍，钱锺书做笔记的习惯是在牛津大学图书馆（Bodleian——他译为饱蠹楼）读书时养成的。因为饱蠹楼的图书向例不外借，到那里去读书，只准携带笔记本和铅笔，书上不准留下任何痕迹，只能边读边记。[3] 饱蠹楼英文名为Bodleian Library，由鲍德利爵士（Sir Thomas Bodley）创建，1602年开馆，钱锺书的意译甚为俏皮，也颇传神。他在"饱蠹楼书记"第一册上写下的题记可为杨绛之说的旁证：

---

[1] 莫芝宜佳《钱锺书的〈外文笔记〉》。
[2] 莫芝宜佳《钱锺书的〈外文笔记〉》。
[3] 杨绛《钱锺书手稿集》序。

廿五年（一九三六年）二月起，与绛约间日赴大学图书馆读书，各携笔札，露钞雪纂，聊补三箧之无；铁画银钩，虚说千毫之秃。是为引。①

　　题记中的"露钞雪纂"，意为昼夜寒暑抄录不辍，语出元朝黄溍《题李氏白石山房》诗："露钞雪纂久愈富，何啻邺侯三万轴。"钱锺书以此表明偕杨绛通览饱蠹楼藏书的快意与决心。六十多年后，杨绛在整理《钱锺书手稿集》时不无伤感地表示，钱锺书原先打算用英文写一部论外国文学的著作，但始终未能如愿，那些外文笔记，对他来说，该是"没用了"。②莫芝宜佳也指出，钱锺书曾计划用英文写一部西方文学史，作为《管锥编》的对照，"在《管锥编》里，西方文学是镜子，用来更好地研究中国文学。而新作品，原本计划以西方文学为中心"③。从钱锺书在饱蠹楼中对西学原著的广泛阅读及摘记可见，他确实有撰写西方文学史或西方文学综论的抱负，他对西方哲学名著的全面阅读，一方面固然是因为他是一个天生的爱智者，具有莱布尼茨式的探究自然与人文世界奥妙的广泛兴趣，另一方面是为撰写西方文学史做准备，通过通贯了解西方哲学以奠定文学研究的哲学基础。如果以为钱锺书攻西人学术，只是应俗事，而耽学术之

---

① 杨绛《钱锺书手稿集》序。
② 杨绛《钱锺书手稿集》序。
③ 莫芝宜佳《钱锺书的〈外文笔记〉》。

趣、遣人生之兴，才是其本怀，则不仅于《管锥编》未能得其真，也显然不了解《进化蠡见》等钱锺书少作的思想热情及其千万言中外文笔记的学术用心。钱锺书治学岂止于兴趣而已，他于西方哲学自古希腊柏拉图至近世柏格森，多由拉丁、德、法、意、英、西诸语原著（含希腊文转拉丁文）得其真义，可见其严谨认真，绝非蜻蜓点水，或走马观花。司马迁在《报任少卿书》中自述其著史目的在于"究天人之际，通古今之变，成一家之言"，通观钱锺书一生所学所思可见，悟宇宙人生，究中西文心，成一己之识，堪称其问学谈艺旨趣。

钱锺书在饱蠹楼摘抄的内容，涉及诸多西方哲学原著，也延续了他对进化论思想、柏格森哲学等西方思想的关注。例如，他在笔记中摘抄了拉兰德（André Lalande）的《进化论者的错觉》（*Les Illusions évolutionnistes*）一书，这为他此后《谈艺录》的写作储备了理论资源。《谈艺录》第四则称：

> 法国 Brunetière 以强记博辩之才，采生物学家物竞天演之说，以为文体沿革，亦若动植飞潜之有法则可求。所撰《文体演变论》中论文体推陈出新（Transformation des genres）诸例，如说教文体亡而后抒情体作……戏剧体衰而后小说体兴，见 *L'Evolution des genres dans l'histoire de la littérature*, pp.22—28. 与理堂所谓此体亡而遁入彼体云云，犹笙磬之同音矣。然说虽新奇，意过于通。André Lalande: *Les Illusions évolutionnistes*,

vii：'L'Assmilation dans l'art' 及 F. Baldensperger: *Études d'histoire littéraire*, t. I, Préface，一据生物学，一据文学史，皆抵隙披瑕，驳辨尤精。①

钱锺书这一则主要批评清儒焦循（字理堂）的诗观，讽刺"经生辈自诩实事求是，而谈艺动如梦人呓语"②。比如，焦循认为，"诗亡于宋而遁于词，词亡于元而遁于曲"③，钱锺书指出，这种"诗亡"之叹，史上并不鲜见，却并不符合事实。在他看来，"文体递变，非必如物体之有新陈代谢，后继则须前仆"，如"六朝俪体大行，取散体而代之，至唐则古文复盛，大手笔多舍骈取散"，又如明清时期，八股文因科举制而大行于世，但当时的才士"仍以诗、词、骈散文名世"，未尝认为八股文可以代兴。④ 近代以来，古代文学史上的文体代兴说受达尔文、赫胥黎进化论思想的影响，演变为文学进化论，并成为文学革命的理论基础。胡适于留美不久后指出，当时的中国急需"三术"，"一曰归纳的理论，二曰历史的眼光，三曰进化的观念"⑤。在发表于1917年的文学革命宣言《文学改良刍议》一文中，胡适以自己标榜的

---

① 《谈艺录》第四则，第32页。
② 《谈艺录》第四则，第30页。
③ 《谈艺录》第四则，第26页。
④ 《谈艺录》第四则，第28—31页。
⑤ 胡适1914年1月25日日记，《胡适日记全编》第一卷，合肥：安徽教育出版社，2001，第222页。

历史进化眼光指出，"文学者，随时代而变迁者也。一时代有一时代之文学"，又断言，白话文学是近代中国文学的正宗，又是将来文学必用的利器。① 钱锺书对这种将文白新旧截然对立、认为此兴则彼灭的文学进化论及文学革命思维并不认同，他没有正面批评胡适的观点，但对王国维早于胡适提出的相似观点进行了校正。王国维在成书于1912年的《宋元戏曲考》（又名《宋元戏曲史》）的序言中指出："凡一代有一代之文学，楚之骚，汉之赋，六代之骈语，唐之诗，宋之词，元之曲，皆所谓一代之文学，而后世莫能继焉者也。"②钱锺书认为，此说如果只是指某种文体在某个朝代开始兴盛，则是恰当的，如果用意等同于焦循，以为某体仅限某朝，作者多即证作品佳，则是"买菜求益之见"，殊不足取。③

前文在介绍钱锺书对进化论思想的关注时已指出，钱锺书对生物进化论所揭示的通过竞争以求存的演化规律并不认同，在他看来，生物之间除了彼此竞争，也存在互助，而且弱者也不一定比强者更易被淘汰；对于由生物进化论所衍生的社会达尔文主义，钱锺书通过对霍布斯"利维坦"学说的批判已经清晰表明了他的否定立场。有此思想背景，再加上钱锺书圆通、辩证的思维方式（钱锺书自称其思维方式受老

---

① 胡适《文学改良刍议》，《新青年》第2卷5期，1917年1月15日。
② 王国维《宋元戏曲考》序，《王国维文学论著三种》，北京：商务印书馆，2001，第57页。
③ 《谈艺录》第四则，第30—31页。

子与黑格尔辩证法影响，后文会申论），以及他对文言、古典诗文的浸淫与谙熟，使他从学理上和情感上都不可能认同当时成为风潮的宣称文言与旧文体必将或必须灭亡的文学进化论、文学革命论。他认为与泰纳同为学院派文学批评代表的法国文论家布吕纳介（Brunetière）在论文体的推陈出新时所谓"说教文体亡而后抒情体作""戏剧体衰而后小说体兴"，与焦循的"诗亡于宋而遁于词"之说堪称同调（"笙磬之同音"），亦即，布吕纳介的文体演变说也是"买菜求益"的俗见。钱锺书因此称许拉兰德的《进化论者的错觉》与巴尔登斯伯格（Baldensperger）的《文学史研究》（Études d'histoire littéraire）对布吕纳介基于生物进化论的文体演变论，"一据生物学，一据文学史，皆抵隙披瑕，驳辨尤精"。其中《进化论者的错觉》的法文原著，钱锺书在饱蠹楼中一共摘抄了十五页。[①] 钱锺书既然以为布吕纳介与焦循同调，则对他本人来说，布吕纳介文体进化论的最根本问题有二：一是将文体的推陈出新等同于生物的新陈代谢；一是缺乏对新旧或对立文体关系的辩证思维，误以为新旧不能共生，对立面必然相斫相杀。

除了继续关注进化论思想（至少包括生物进化论、社会达尔文主义、进化论伦理学、文学进化论四个方面），钱锺书在饱蠹楼的阅读思考中，也延续了他在清华求学期间对柏

---

① 《钱锺书手稿集·外文笔记》第1辑第2册，第14—39页。

格森哲学的关注。和其他外文笔记一样，饱蠹楼笔记也主要是抄书、摘句，但有时也会写下评语、批语。例如他读朱利安·班达（Julien Benda）的《贝尔菲格：当今法国之美学》（*Belphégor: Essai Sur L'esthétique De La Présente Société Française*），一共抄录了六页，并在末尾写下一段英文总评：

Salutary attacks on the abuse of Bergsonism. Too much arguing by categories, like Jewry & Feminine Soul. Neither refutation of the Bergsonian esthetique, nor criticism of the works of art producer on the principles of such an esthetique, but simply exposition and condemnation (like Babbitt) with the result that one is always tempted to ask: "Why not?" [1]

参考译文：

对于滥用柏格森主义的带刺而有益的批评。议论中过多从类别着眼，例如犹太人与女性灵魂。既非对柏格森美学的驳斥，亦非对依此美学原则制作之艺术品的批评，而仅仅是阐述和谴责（有如白璧德），其结果是，人们不禁要问："为什么不？"

---

[1] 《钱锺书手稿集·外文笔记》第 1 辑第 2 册，第 54 页。

在20世纪初期的法国，柏格森的直觉主义哲学既引发了"柏格森热"（Bergsonian vogue），也引起了极大争议。理性主义者认为这种将直觉凌驾于理性的哲学只会取悦"轻佻的观众"（a frivolous audience），这些观众主要是"懒散世故的中上阶层中的女性"[①]。在柏格森的批评者中，最突出的代表即是犹太批评家朱利安·班达。[②] 1912年，班达出版《柏格森主义，一种变幻的哲学》（Le Bergsonisme, ou Une philosophie de la mobilité），向柏格森公开宣战。七年后，即1919年，班达出版《贝尔菲格：当今法国之美学》，将柏格森比作以新发明诱惑人类堕落同时象征着懒散的恶魔贝尔菲格（Belphégor）。由于班达对柏格森的批判非常激烈并产生了较大影响，所以同时代的法国诗人查尔斯·佩吉（Charles Péguy）将班达所代表的理性主义与柏格森所代表的非理性主义的冲突称为"柏格森—班达事件"（The Bergson-Benda Affair）。[③] 不过，柏格森对班达的挑战反应冷淡，两人的冲突只是一头发热。在查尔斯·佩吉看来，这场现代犹太学者之间的冲突有如"亚历山大港的犹太

---

① 原文为："women who belonged to the idle and worldly upper middle and upper classes."
② Robert C. Grogin, Rationalists and Anti-Rationalists in pre-World War I France: The Bergson-Benda Affair, *Historical Reflections / Réflexions Historiques*, Vol. 5, No. 2 (Winter/Hiver 1978), pp. 223—231.
③ Robert C. Grogin, *Rationalists and Anti-Rationalists in pre-World War I France: The Bergson-Benda Affair*.

人与拉比派犹太人之间的老式争论"[1]。班达本人也区分了两种犹太人，一种是严肃的、重道德的希伯来人，依然信奉犹太教的上帝亚威（Jahveh），他们的现代领袖是斯宾诺莎；一种是"迷恋感官感觉的迦太基人"（sensation-loving Carthiginians），崇拜贝尔菲格，他们的现代领袖是柏格森。[2] 班达所区分的两类犹太人分别对应于拉比派犹太人与亚历山大港的犹太人。拉比派犹太人的中心生活地域在巴比伦和以色列，拉比（Rabbi）是经师、智者之意，拉比派犹太人（Rabbinical Jews）一词是指以巴比伦、以色列为主要活动区域，理念上以秉持希伯来传统信仰为核心的犹太智识群体，他们相对传统和守成。亚历山大港的犹太人由于身处希腊化历史进程的中心，其传统信仰受到异域文化影响，更多主张融合异域文化，提倡和践行用希腊化时期的新观念来阐释经典。由此可见，班达的心性、理念接近拉比派犹太人，柏格森的心性、理念接近亚历山大港的犹太人。钱锺书在饱蠹楼读到了"柏格森—班达事件"的焦点之作《贝尔菲格》，并摘抄了六页。[3] 从他对此书的英文评语可见，他并不认同班达对柏格森的严苛批评，在他看来，班达的批评不得要领、

---

[1] Robert C. Grogin, *Rationalists and Anti-Rationalists in pre-World War I France: The Bergson-Benda Affair*.（原文为："the old quarrel between Alexandrian and Rabbinical Jews."）

[2] Robert C. Grogin, *Rationalists and Anti-Rationalists in pre-World War I France: The Bergson-Benda Affair*.

[3] 《钱锺书手稿集·外文笔记》第1辑第2册，第49—55页。

缺乏说服力，反而会激发读者反问柏格森何错之有。

其实，任何将对立两方中的一方加以绝对化的倾向都会使其向反面转化，启蒙变成被蒙蔽，理性转向非理性，经验主义者否认因果律的客观性。因此，唯圆通之识，可称上智。柏格森推崇直觉的认知功能，理性主义者肯定理性思辨、逻辑思维的价值，都没有错，但如果走向极端，相互否定，要么只承认直觉、感觉是知识之源，要么只承认理性是知识之源，就都失之偏颇，而成为谬见。知识的类型不止一种，至少可分为"科学之知"与"美术之知"两类。"美术之知"更多依赖直觉与感官体验，也与难以言传的神秘经验有相通性。[1]钱锺书深知"美术之知"有别于"科学之知"，他的文学研究思维与文学批评风格体现出重性灵、妙悟与神会的鲜明特征。在对西方哲学原著的广泛阅读中，钱锺书找到了与他灵魂相通的柏格森，以及后文会提到的普罗提诺（Plotinus）等西方哲人。这种跨时空思想邂逅的深刻意义，在于相互照亮或一方对另一方的启迪。在钱锺书与柏格森、普罗提诺的相遇中，柏格森的直觉主义与普罗提诺的神秘主义为钱锺书的文学研究与批评思维乃至人生反思提供了哲学基础。

在钱锺书的英文著述中，《十七、十八世纪英国文学中的中国》是迄今所见最长的一篇。该文是他在牛津大学攻

---

[1] 参阅拙著《钱锺书与文艺的西潮》第八章第三节"隐喻思维与科玄之争"，天津：南开大学出版社，2014，第231—238页。

读文学学士（B. Litt.）时所写的论文，也是其饱蠹楼读书成果的"检阅礼"。有学者认为，"在半个多世纪以前，钱先生是详尽而全面研究这个题目的第一人"①。钱锺书在序言自述说，他写这篇论文受到了法国语言学家皮埃尔·马蒂诺（Pierre Martino）所著《十七、十八世纪法国文学中的东方》一书的启发，同时有意弥补德国学者阿道夫·赫希魏因（Adolf Reichwein）所著《中国与欧洲》一书"彻底遗漏英国文学"的缺憾。② 从中国比较文学学科发展史来看，钱锺书的这篇近二百页的论文可以说是用英文写成的最早的形象学论文。形象学的研究方向之一是对本国的异国形象的考察，这是一个具有重要学术意义乃至现实意义的研究方向，不仅是满足于好奇心，也不仅是着眼于文学的异国情调或异域想象问题，更重要的是，可以通过他者之镜，看见自身的问题、弊端，从而引起反思和变革，推动社会进步。钱锺书的形象学研究就非常重视异文化旁观者对中华文化把的"脉"，以及看出的"病"，而不是沉迷于、自得于伏尔泰式的对中国文官制等空想式的崇敬与赞美。为此，他非常重视西方思想家、哲学家对中国的批评性看法，英国18世纪哲学家休谟（David Hume）的中国观因而成为其关注焦点。

---

① 张隆溪《论钱锺书的英文著作》，《文景》，2004年第1期。
② Ch'ien Chung-shu, China in the English Literature of the Seventeenth and Eighteenth Centuries, *A Collection of Qian Zhongshu's English Essays*, p.83.（原文为："leaving English literature entirely out of account."）

休谟是著名的怀疑论者，英国经验主义哲学的集大成者，同时是苏格兰启蒙运动的代表人物。与法国启蒙思想家一样，休谟非常关注中国的政治制度、道德观念与民族性格，他在《民族性格》（National Characters）、《艺术与科学的兴起与进步》（Of the Rise and Progress of the Arts and Sciences，按，钱锺书误"Of"为"In"[①]）二文中谈到了他对中国的认识。按照休谟的自述，他的中国观建基于法国传教士李明（Louis le Comte）的相关著述。[②] 李明于1687年来华，回法国后出版《中国近事报道》（Nouveaux mémoires sur l'état présent de la Chine; New Memoirs on the Present State of China）和《论中国礼仪书》（Lettre à Monseigneur le Duc du Mayne sur les cérémonies de la Chine; Letter to Monseignor the Duke of Mayne on the ceremonies of China），向西方世界介绍儒家思想及批评西方的堕落，其中《中国近事报道》将中国礼仪之争推向高潮。休谟在《民族性格》一文中泛泛论及中国人"举止严肃"（serious deportment）及"性格一律"（the greatest uniformity of character）等特点，在《艺术与科学的兴起与进步》一文中，他以较大篇幅评论、分析了中国的制度特点、道德基础及科学发展缓慢的原因，钱锺书引用

[①] Ch'ien Chung-shu, China in the English Literature of the Seventeenth and Eighteenth Centuries, *A Collection of Qian Zhongshu's English Essays*, p.171.

[②] David Hume, *Essays Moral, Political, literary*, London: Longmans, Green&Co., 1875, Vol. Ⅱ, p.321.

四、"露钞雪纂久愈富"

了这一段"对其学位论文的研究目的而言最重要的段落"[1]：

> In China, there seems to be a pretty considerable stock of politeness and science, which, in the course of so many centuries, might naturally be expected to ripen into something more perfect and finished, than what has yet arisen from them. But China is one vast empire, speaking one language, governed by one law, and sympathizing in the same manners. The authority of any teacher, such as Confucius, was propagated easily from one corner of the empire to the other. None had courage to resist the torrent of popular opinion. And posterity was not bold enough to dispute what had been universally received by their ancestors. This seems to be one natural reason, why the sciences have made so slow a progress in that mighty empire.[2]

---

[1] Ch'ien Chung-shu, China in the English Literature of the Seventeenth and Eighteenth Centuries, *A Collection of Qian Zhongshu's English Essays*, p.171. （原文为："the following passage……is by far the most important for our purpose."）

[2] David Hume, *Essays Moral, Political, literary*, London: Longmans, Green&Co., 1875, Vol. II, p.296.

参考译文：

在中国，人们更期待既有的丰富礼仪与科学知识历经诸多世纪而趋向完善圆熟，却不甚期待从中产生的（新生）事物。但中国是一个庞大帝国，语言统一，政令统一，举止统一。孔子这类教师的权威可以毫不困难地辐射至帝国的各个角落。无人敢于对抗舆论的洪流。子孙后代也没有足够勇气质疑祖宗成法。这应当是这个庞大帝国为何科学发展如此缓慢的天然原因。

钱锺书指出，批评中国人"不思进取"（non-progressive）不过是换个方式批评中国人"缺乏创新天赋"（lack inventive genius）。对这类批评国人并不陌生，但休谟用以支持其观点的理据则颇有新意。儒家，以及语言、礼仪的一律等标签是耶稣会士背景的中国评论者冠冕上的翎毛，马蒂诺认为，他们甚至为中国自豪，即使如笛福、约翰逊这类对儒家评价不高的人，也不至于极端化到将儒家视为中国文明进步的主要障碍。[①] 对于休谟为什么会认为儒家阻碍科学发展，钱锺书分析说，休谟的思想中充斥"怀疑主义"（scepticism），他既然会质疑基督教权威，自然也会质疑

[①] Ch'ien Chung-shu, China in the English Literature of the Seventeenth and Eighteenth Centuries, *A Collection of Qian Zhongshu's English Essays*, p.172.

儒家权威。① 休谟的怀疑主义及不可知论主要体现在对因果律及物质是否存在、上帝是否存在的怀疑，他认为，人们无法通过经验确立因果之间的必然联系，因为在有些事例中，原因并未导致通常的结果，"我们之所以会错误地认为有因必有果，是因为我们过去的经验会使我们习惯性地这样设想"②。休谟讽刺说："只有在纯粹的概念、逻辑与数学领域，而不是在基于对现实的直接感知的派生领域，因果关系才可安全应用。"③ 根据这种怀疑论思想，休谟排斥数学和许多神学观点，因为它们并非基于事实与观察，所以超出了人类能够理解的范围。康德批判性地继承了休谟的怀疑论思想，将上帝存在、灵魂不朽等视为超出人类经验认知范畴而属于自在之物领域的预设条件。

钱锺书在清华求学期间就开始研究休谟哲学，并发表了至少两篇评论，他能够将休谟的中国观与其怀疑主义结合起

---

① Ch'ien Chung-shu, China in the English Literature of the Seventeenth and Eighteenth Centuries, *A Collection of Qian Zhongshu's English Essays*, pp.171—172.
② Shane Drefcinski, *A Very Brief Summary of David Hume*, Wisconsin: University of Wisconsin-Platteville. Archived 9 May 2017 at the Wayback Machine.（原文为："the reason why we mistakenly infer that there is something in the cause that necessarily produces its effect is because our past experiences have habituated us to think in this way."）
③ David Hume, *An Enquiry Concerning Human Understanding*, In Masterplots (4th ed.), 2010, pp.1—3.（原文为："only in the pure realm of ideas, logic, and mathematics, not contingent on the direct sense awareness of reality, [can] causation safely... be applied...."）

来考察，从一个侧面说明了他的哲学修养，也说明了哲学基础对于文学、文化研究的重要性。不可否认的是，休谟的儒家阻碍科学发展之说，确有一定道理，并不是为怀疑而怀疑。鸦片战争后，自然科学不发达的问题引起了中国学者的重视，梁启超在《清代学术概论》中一方面肯定了清学在儒学、经学研究上的贡献与突破，另一方面也对清代的自然科学为何不发达这一问题进行了探讨。

科学的发展需要创新精神，需要重视事实、观察与实验，儒家主要是伦理规范、贤人政治的立法者与维护者，强调的是修心、尊德性、法先贤，在知识论上主张"述而不作，信而好古"（《论语·述而》）。以儒家治天下，可以使人类从自然状态进入人伦秩序（儒家重人与禽兽之辨，可与进化论伦理学对生物界与人类社会的辨析，及霍布斯、洛克等的以摆脱自然状态为前提的国家、政府起源说相对照），也可以基于价值理性、秩序意识建构起深受法国启蒙思想家赞赏的相对稳定的文官制度，却无助于推动科技发展，也不可能催生工业革命。自培根、霍布斯、洛克、贝克莱，直至休谟，英国经验主义哲学形成了强大的知识谱系，其对经院哲学的拒斥，对上帝存在的怀疑，对"人的科学"的建构，以及对事实与观察的重视，对于近代英国的制度变革、科技发展及工业革命的发生起到了思想上的启迪与推动作用。从钱锺书自东林小学直至留学英法的学习经历可见，英国经验主义哲学在他的思想与理论基础中占有较大比重，他的第一篇公开发表的英文作文《读报的乐趣》就是对培根读史明智说的拓展，他的文言少作《进化蠡见》批判了霍布斯的"利维坦"学说，他在牛津大学的学位论文则以休谟的中国观作为近代英国人看中国的代表性观点，也提到了贝克莱在其著名哲学对话录《阿尔西伏龙：或精密的哲学家》（*Alciphron or the Minute Philosopher*）中涉及中国的对话内容[①]。除此之外，古希腊罗马的柏拉图、亚里士多德、普罗提诺，近现代欧陆的康德、黑格尔、叔本华、尼采、柏格森，均在青年钱锺书的精神世界及更长远的内在生命中有着很深的投影。他是一个从文学抵达哲学，又是一个在文学中求证人生与宇宙本相的思想者、探索者。

---

① Ch'ien Chung-shu, China in the English Literature of the Seventeenth and Eighteenth Centuries, *A Collection of Qian Zhongshu's English Essays*, pp.168—170.

五、"在吃布丁的时候检验布丁"

1982年,钱锺书在写给翻译家许渊冲的一封信中自嘲说:

> 我对这些理论问题早已不甚究心,成为东德理论家所斥庸俗的实用主义者,只知 The proof of the pudding lies in eating。[1]

在此,钱锺书给出了对实用主义知识论取向的形象诠释,即"在吃布丁的时候检验布丁"(The proof of the pudding lies in eating)。实用主义本是代表美国精神的哲学思想,主张从事实与具体经验中发现有用的真理,并以实践考察原则。

---

[1] 钱锺书《致许渊冲(二函)》,1982年8月11日,收入《钱锺书散文》,第422页。

五、"在吃布丁的时候检验布丁"

如果将实用主义转化为学术方法论，则是一种注重具体问题与现象的研判分析，主张从诸多事例中揭示规律、共性（类似归纳法），而拒斥理论玄想的研究模式。钱锺书即是这一研究模式的践行者，他在1962年撰写初稿的《中国诗与中国画》一文中指出：

> 诗和画既然同是艺术，应该有共同性；它们并非同一门艺术，又应该各具特殊性。它们的性能和领域的异同，是美学上重要理论问题。我想探讨的，只是历史上具体的文艺鉴赏和评判。我们常听人有声有势地说：中国旧诗和中国旧画有同样的风格，体现同样的艺术境界。那句话究竟是什么意思？这个意思能不能在文艺批评史里证实？①

此处钱锺书所谓"我想探讨的，只是历史上具体的文艺鉴赏和评判"，与他在二十年后以学术实用主义者自嘲，遥相呼应，表明了他一贯的治学态度。这种注重通过历史和文本事实的考察以检验理论观点、揭示事实真相的实用主义（pragmatism）或实证主义（positivism）研究方法，与中国传统的历史考据学与诗话词话式批评方法有一定的相通性。钱锺书既深谙传统学术门径，又对美国实用主义哲学、英国

---

① 钱锺书《七缀集》（修订本），第7页。

经验主义及实证主义哲学有深刻领会，他的研究思路及方法同时受到了中西方经验哲学与实证研究的熏染。后文将进一步探讨包括实用主义、经验主义在内的西方哲学对钱锺书文学研究思维、文学批评方法以及创作思维的影响。

早在清华求学时期，钱锺书就关注到了实用主义哲学，研读了实用主义哲学代表人物詹姆斯的《真理的意义》（*The Meaning of Truth*）、杜威的《追问确定性》（*The Quest for Certainty*）、席勒的《人本主义研究》（*Studies in Humanism*），并于1931年在《清华周刊》发表了以英文撰写的《实用主义与波特主义》（Pragmatism and Potterism）一文。此后在1933年发表的《作者五人》一文中，他将詹姆斯（William James，按，钱锺书译为詹美士）列为五个"近代最智慧的人"及"有文学价值的英美哲学家"之一，同时提到"实用主义者像Schiller（按，即德裔英国哲学家席勒，全名为Ferdinand Canning Scott Schiller）之类才是该骂的"。[①]

在《实用主义与波特主义》一文中，钱锺书首先指出实用主义在西方遭遇了诸多富有敌意的批评，但詹姆斯在《真理的意义》一书中却仅仅回应了罗素、普拉特（Pratt）、布拉德莱（Bradley，钱锺书译为卜赖德雷）这三位哲学家的批评，而对摩尔（G.E.Moore，钱锺书译为穆尔）等其他众多批评者的意见则"视而不见"（does not "pretend to

---

① 钱锺书《作者五人》，收入《钱锺书散文》，第141—149页。

五、"在吃布丁的时候检验布丁"

consider")。而且不仅詹姆斯如此,除他之外的几乎所有实用主义者均对批评者"视而不见",因此,实用主义无疑甚少受惠于批评意见,以至迟至1929年,杜威这位最深刻、最重逻辑的实用主义者在以"追问确定性"为题的系列讲座中,依然在使用"实践"(practice)这个概念时,"一时用其指涉一般性的活动,一时又将其与智力行为相混淆"。① 钱锺书虽然自谦他的《实用主义与波特主义》一文并非对实用主义的严肃批评,但通观全文可以看到,钱锺书对实用主义哲学的渊源、背景、性质、核心观点与理论缺陷有着相当全面的研究。他认为,实用主义的显著特点是对"活动"(activity)与"实用性"(utility)的强调,并认为,这一特点是"培根传统"(Baconian tradition)的体现。② 对于培根在思想史与知识学上的地位及影响,钱锺书评论如下:

> Ever since Cowley, critics have regarded Bacon as the prophet of the coming of the modern age. But Bacon is no mere seer of "the promised Land", nay, he discovers it. The problem of philosophy in the classical antiquity and the middle ages is whether man with his natural faculties

---

① D.T.S(钱锺书), Pragmatism and Potterism, *Tsinghua Weekly*, Volume XXXV, Number 2, 1931.(原文为:"to denote at one time activity in general and at other times blind in contradistinction to intelligent action.")(此文已收入《钱锺书英文文集》)

② D.T.S(钱锺书), Pragmatism and Potterism.

can have a true (in the Non-pragmatic sense) knowledge of the reality (whatever it may mean). Any attempt on those old philosophers' part to solve this problem is confronted with the same difficulties as the modern theory of correspondence. Thus Plato, with his NOUS to save knowledge from the Heraclitean flux, sees no way out as to the problem of error in "Thaetetus". Then Bacon comes with his dictum "Scientia est potentia". The old knot is not untied, but simply cut. Hereafter we need not ask whether our natural faculties can truly grasp the reality, but whether we can make use of such knowledge as acquired through our natural faculties, no matter it is true (in the Non-pragmatic sense) or not. Knowledge is instrumental, it is simply a means to an end. There is perhaps more insight in Macaulay's estimate of Bacon than has been generally admitted. No doubt Professor Dewey would trace pragmatism to Bacon in "Reconstruction in philosophy" rather than to Protagoras.The ethics of such a philosophy is of course naturalistic. Since every idea is a means to an end, there can be no autonomy of values. Dr. G. E. Moore, in a fashion of giving a dog bad name and then hanging him, has called this heteronomy a naturalistic fallacy in "Principia Ethica".

五、"在吃布丁的时候检验布丁"

参考译文：

  自考利以来，评论家们将培根视为现代来临的预言家。然而，培根不仅是应许之地的先知，他还是应许之地的发现者。古典时期与中世纪的哲学难题是人类能否凭借天生的能力获得关于实在（无论这一概念何指）的真知（在非实用主义意义上）。任何传统哲学家在尝试解决这一难题时，都会遭遇相应的现代理论所面临的同样困难。就像柏拉图，他虽然凭借其聪慧的头脑从赫拉克利特的流动中救出了知识，但在《泰阿泰德篇》中却未能昭示走出困境结局的出路。直到后来，培根带着"知识就是力量"的信条登场。但旧结并未解开，只是被一刀斩断。我们因此不再需要追问人类的天生能力是否真能把握实在，而只需追问人类是否能够运用凭借天生能力获得的知识，无论这种知识是否真实（在非实用主义意义上）。知识是工具性的，它只是达到目的的一种方法。在麦考莱对培根的评价中寓有比一般人所知的更多洞见。而在《哲学的改造》一书中，杜威教授将实用主义溯源至培根，而非普罗泰戈拉。这种哲学的伦理观无疑是自然主义的。既然所有观念皆是达到目的的方法，也就没有价值的自主性。摩尔博士在《伦理学原理》中按照谥之恶名以贬抑之的套路，将这种他律性称为自然主义谬误。

这段评论文字彰显了钱锺书自中学至大学勤奋研读西方哲学所积累的颇为丰厚的西方哲学史学识，也表明了他对实用主义哲学的批评绝非局限于特定的文本与时代，而是在广阔的西方哲学史视野中审视其性质、价值与缺陷。从西方哲学史着眼，实用主义这种主张从抽象的理论世界转向具体的个人经验的世界，并主张以实际效果来解决理论论争的哲学思想，显然与培根所开创的英国经验主义哲学一脉相承。培根认为，如果完全依靠亚里士多德的演绎法（deductive reasoning），必然会产生谬误，他因此反对亚里士多德的思辨哲学及中世纪的经院哲学（按，斯韦弗顿在为《培根随笔》所作绪论中引用麦考莱（Thomas Babington Macaulay）的观点指出，培根对亚里士多德派的学者虚耗精力于其上的"学问"有一种应有的藐视，对亚里士多德本人亦没有多大的尊崇）。在培根看来，感觉是认识的开端和一切知识的源泉，只有以感官感觉为基础，通过观察、收集事实，然后用归纳的方法从事实中得出结论，才能把握事物的本质和规律。他还强调实验对认识的作用，认为必须借助于实验，才能弥补感官经验的不足，深入揭示自然的奥秘。培根所提倡的归纳法（inductive reasoning）与实验科学对推动西方社会从宗教神秘思维主导下的不成熟状态走向现代科技文明产生了深远影响。前文曾提到，胡适于留美不久后指出，中国要向现代文明演进，首先要引进"归纳的理论"（胡适1914年1月25日日记）。胡适曾多次强调杜威思想对他的全面影响，他对归纳法的重视，即是这种影响的体现。而在杜威这位实用主义者、实验主义者的背后，则是英国的经验主义哲学传统。

当代著名文艺理论家弗莱（Frye）引用英国17世纪诗人考利（Abraham Cowley，1618—1667）的作品，称许培根的贡献堪比摩西带领以色列人出埃及，因为他把我们的思想从词语引向事物，令现代思想能够摆脱迷信。[1] 钱锺书也注意到了考利对培根的赞美，所以才会作出"自考利以来，评论家们将培根视为现代来临的预言家"这样的判断。考利对培根的赞美见其《致皇家学会》（*To the Royal Society*）一诗，摘录如下：

> From these and all long errors of the way,
> In which our wandering predecessors went,
> And, like th' old Hebrews, many years did stray
> In deserts but of small extent,
> Bacon, like Moses, led us forth at last;
> The barren wilderness he past;
> Did on the very border stand
> Of the blest promised land,
> And from the mountain's top of his exalted wit,

---

[1] Northrop Frye, *The Great Code: The Bible and Literature*, New York: Harvest Book, 1983, pp.14—15.

Saw it himself, and shew'd us it.

参考译文：

形形色色的歧路

我们的先辈在探索中踏足

如同古代的希伯来人，长年迷失在沙漠上

无法走向远方

培根，如同摩西，最终引领我们向前

穿越不毛之地

屹立于神佑的应许之地的边界

从他高贵智慧的峰巅

看到应许之地，并向我们展示

钱锺书认为，人类能否凭借天生的能力获得关于实在的真知，是西方知识学领域争讼千年的问题，柏拉图虽然解决了赫拉克利特的流变理论所带来的难题，却未能在《泰阿泰德篇》中指明知识论困境的出路。在这篇对话录中，柏拉图的老师苏格拉底和数学家泰阿泰德讨论什么是知识。苏格拉底否定了泰阿泰德对知识下的三个定义：其一，知识是感觉；其二，知识是真信念；其三，知识是真信念加上逻各斯（logos）。①logos 的本义包括言说、理性等意义，类似于老庄哲学中的"道"，兼含道白与道理二义。前苏格拉底时期的赫拉克利特首先将逻各斯这个概念引入哲学领域，用以指称"秩序和知识的尺度"（a principle of order and knowledge）②，以及数的比例关系。毕达哥拉斯学派认为万物的本原是数，它们的存在和变化都根据一定的数的比例关系，赫拉克利特以逻各斯指称数的比例关系。《泰阿泰德篇》否定了知识是感觉、知识是真信念、知识是得到论证的真信念，却没有正面回答什么是知识这个问题，从而陷入知识论上的"无出路的困境"。③钱锺书认为，这种困境要到培根提出"知识就是力量"这一定义后才被破解，但培根并未真正化解苏格拉底与柏拉图的知识论困惑，而只是切除了这个死结。自培根之后，不再需要追问人类是否能够把握实在，而只需追问人类是否能够运用知识。对培根来说，知识是工具性的，它只是达到目的的一种方法。钱锺书对培根的这种评价显然受到了《英国史》作者麦考莱的影响，所以他强调在麦考莱对培根的评价中寓有比一般人更多的洞见。1837 年，麦考莱在为蒙太古（Basil Montagu）所编《培根全集》（*The Works of Francis Bacon, Lord Chancellor of England*）

---

① 田洁《〈泰阿泰德篇〉中逻各斯与知识构成》，《清华西方哲学研究》第 1 卷第 1 期，2015。
② *Cambridge Dictionary of Philosophy* (2nd ed): Heraclitus, 1999.
③ 田洁《〈泰阿泰德篇〉中逻各斯与知识构成》。

所作的书评中讽刺说，有一种粗鄙的观点认为，培根发明了归纳法这一探求真理的新方法，并且发现了"三段论式演绎推理"（syllogistic reasoning）这一流行于往昔的研究方法的谬误。在他看来，归纳法在人类社会的开端就已出现，即使是"最无知的笨蛋"（the most ignorant clown）、"最懵懂的学童"（the most thoughtless schoolboy）与"哺乳期的幼儿"（the very child at the breast），都会一再运用归纳法。通过归纳法，笨蛋知道没有耕耘就没有收获，学童知道多云的天气适合捕捉鳟鱼，婴儿知道母亲或保姆才能供奶，而不是父亲。因此，培根并非归纳法的发明者，也不是正确分析这种方法和解释其运用方式的第一人，亚里士多德早已指出三段论假定的荒谬性。① 尽管培根的新工具论的思想来源可以追溯至古希腊时期，但钱锺书注意到，杜威仍然将实用主义溯源至培根，而非古希腊智者派代表人物普罗泰戈拉（Protagoras，又译普罗太戈拉等）。普罗泰戈拉认为，"人是万物的尺度，是存在的事物存在的尺度，也是不存在的事物不存在的尺度"②。对于这个论点的确切含义，学界聚讼纷纭，其实从普罗泰戈拉关于风的冷暖与人的感觉关系的论述中即可窥见端倪："有时候，同一阵风吹来，你觉得冷，

---

① Thomas Babington Macaulay, *Critical and Historical Essays contributed to the Edinburgh Review*, 5th ed. in 3 vols. (London: Longman, Brown, Green, and Longmans, 1848). Vol. 2, p.407.
② 普罗太戈拉著作残篇 D1，《古希腊罗马哲学》，北京：生活·读书·新知三联书店，1987，第 138 页。

五、"在吃布丁的时候检验布丁"

我觉得不冷,或者我觉得稍冷,你觉得很冷。这不是风本身冷或不冷,而是对感觉冷者说风就是冷的,对感觉不冷者说它就是不冷的。"[①] 以此为据可以推断出,普罗泰戈拉所谓"人是万物的尺度",即是指个人的感觉是判断外在事物的依据。这种由感而知、以具体经验为尺度的知识论,既是英国经验主义哲学的先声,也与崇尚个人经验与实际效果的实用主义哲学相通。钱锺书肯定麦考莱能够洞见培根思想的古希腊来源,其实是侧面批评杜威没有明确指出实用主义哲学的源头应该追溯至古希腊的普罗泰戈拉等人。

对于实用主义的价值取向,钱锺书参照摩尔《伦理学原理》中的"自然主义谬误"(naturalistic fallacy)之说,认定实用主义的伦理观属于自然主义,因为实用主义将"观念"(idea)视为达到目的的方法,缺乏价值自主性。钱锺书的这一判断与他对实用主义所谓"真"的特殊意涵的理解相关。在解说西方哲学史上关于知识与实在关系的探讨及以培根为代表的知识论转型(不再问知识能否反映实在,而只是将知识当成工具)时,钱锺书两次强调,自古希腊以降的传统真理观与实用主义真理观有别,传统意义上的真与真知的所指都是"非实用主义的"(non-pragmatic)。这一关于两种真理观的认识有着可靠的文本依据,詹姆斯在《实用主义》一书中明确指出:"一个观念的'真实性'不是它所固

[①] 汪子嵩、陈村富、姚介厚《希腊哲学史》,北京:人民出版社,1997,第254页。

有的、静止的性质。真理是对观念而发生的。它之所以变为真，是被许多事件造成的。它的真实性实际上是个事件或过程。就是它证实它本身的过程，就是它的证实过程……掌握真实的思想就意味着随便到什么地方都具有极其宝贵的行动工具。"[1] 他又辨析"真"与"有用"的关系说："'真'是任何开始证实过程的观念的名称。'有用'是它在经验里完成了的作用的名称。除非真的观念在一开始就是这样有用，真的观念决不会就作为真的观念被挑选出来，它决不会成为一个类名，更不会成为一个引起价值意义的名称。"[2] 显然，对詹姆斯来说，真知应当是能够被经验证实的知识，也必定是能够成为行动工具的有用的知识。也就是说，真知与道德上的价值无关，真知的运用以有用无用为衡量标准，无关善恶判断。所以詹姆斯强调指出，"真的观念"如果无用，就不会引起"价值意义"。由此可见，钱锺书将实用主义真理观区别于传统真理观，并将实用主义伦理观定性为自然主义的判断是正确的。需要补充说明的是，詹姆斯也讲真理的价值，但他肯定的是真理的"兑现价值"，也即"当我们在任何种类的经验的一个瞬间，受到真的思想的启发时，这就意味着迟早我们会由于那种思想的指导而又重新投入经验的各

---

[1] 威廉·詹姆斯《实用主义》（陈羽纶、孙端禾译），北京：商务印书馆，1994，第103—104页。
[2] 威廉·詹姆斯《实用主义》，第105页。

种细节中，并且和它们发生了有利的联系"①。这种价值观无关道德价值，无关善与美，而是带有浓重的商铺、银票与手工作坊的气味，体现的是美国大开发时期商人的实利思想与工匠的实干精神。

钱锺书在探讨了实用主义的培根传统，及其工具化的真理观与自然主义的伦理观之后，又对实用主义的逻辑性、科学性进行了反思。在他看来，实用主义者有一种"根深蒂固的对逻辑的反感"（rooted antipathy towards logic），但他们常常因使用"漂亮的逻辑反讽"（beautiful ironies of logic），而给人以"自相矛盾"（self-contradiction）之感。②钱锺书讽刺说，实用主义者对此并不在意，因为他们会根据自己的需要"改造"（reform）逻辑。由于詹姆斯不屑纠正"智识主义的逻辑观点"（an opinion of intellectualist logic），所以"改造"逻辑的任务就留给了杜威（Prof. Dewey）和席勒（Dr. Schiller）。席勒在《形式逻辑》（*Formal Logic: A Scientific and Social Problem*）一书中尝试以形式逻辑自身提供的理论武器击垮形式逻辑，他宣称，所谓形式逻辑其实是"形式上的逻辑"（formally logical），而非"逻辑上的形式"（logically formal）。③这种带有文字游戏色彩的对形式逻辑的解构，并未在西方哲学界引起反响。实用主义者还主张"不应追随

---

① 威廉·詹姆斯《实用主义》，第105页。
② D.T.S（钱锺书），Pragmatism and Potterism.
③ D.T.S（钱锺书），Pragmatism and Potterism.

理性"（not to "follow reason wherever it leads us"），而应"接受意愿与利益的引导"（follow volition and interest wherever it leads）。钱锺书认为，实用主义者的这种观点可以说是授人以柄，在他看来，实用主义的信仰意志理论（theory of will-to-believe）最能揭示这种哲学在使用"功用"（work）一词时的潜在含混性。实用主义者认为，信仰之所以真实，是因为它能发挥功用，但钱锺书认为，信仰只是信仰意志的"产物"（outcome），它的功用并不是对它的证实或对其可检验性的证明，而"只不过是由这种信仰所带来的满足或鼓舞"。[1] 在《人本主义研究》一书中，席勒通过假定人们在"世界很糟，所以必须变好""世界很糟，所以不可能变好"[2] 这两个命题之间所作的抉择，显示了信仰意志的功用。席勒认为，第二个命题更合乎逻辑，但一般人更喜欢第一个命题，因为它更加符合人们的心愿。钱锺书对此表示怀疑，他认为有些人会和布拉德莱持一样的看法，即"既然一切都是坏的，就必须知道最坏的"[3]。钱锺书因而批评实用主义者不敢直面残酷的现实。[4]

关于实用主义的科学性，钱锺书指出，实用主义虽然声

---

[1] D.T.S（钱锺书），Pragmatism and Potterism.（原文为："but means the satisfaction or the encouragement derived from that belief."）
[2] 原文为 "The world is so bad that there must be a better"，"The world is so bad that there can not be a better"。
[3] 原文为："when all is bad it must be good to know the worst."
[4] D.T.S（钱锺书），Pragmatism and Potterism.

称是一种科学化的哲学，而且与科学一样，实用主义也极为重视"实验"（experiment）与"效用"（utility），但实用主义与科学的契合只是表面性的。因为，科学不仅具有严密的逻辑，也保持"道德上的中立"（ethically neutral），它严禁人们凭借信仰意志不加深究地相信任何事情。因此，科学化的哲学必须是罗素所谓"哲学的清教"（philosophical Puritanism），而不是詹姆斯、杜威和席勒的"柔性哲学"（tender-hearted philsophy）。[①] 詹姆斯在《实用主义》中以气质（human temperament）论哲学，在他看来，"哲学史在极大程度上是人类几种气质冲突的历史"[②]，其中最显著的两种敌对气质即是经验主义者的气质与理性主义者的气质。由于"理性主义者在断言时总带些武断性的气质而经验主义者可能比较采取怀疑的态度并且愿意开怀畅论"[③]，而在詹姆斯看来，刚性气质的人通常以事实为准绳，且持多元论、怀疑论态度，柔性气质的人则以原则为准绳，且持一元论、武断论，所以詹姆斯将理性主义者的气质称为柔性的气质（按，柔性的英文原文为 tough-minded），而将经验主义者的气质称为刚性的气质（按，刚性的英文原文为 tender-minded）。实用主义所代表的则是"经验主义的态度"，肯定"空旷的野外和自然中的各种可能性，而反对那独断、人

[①] D.T.S（钱锺书），Pragmatism and Potterism.
[②] 威廉·詹姆斯《实用主义》，第7页。
[③] 威廉·詹姆斯《实用主义》，第9页。

为和假冒的最后真理"①,同时主张"以实用主义气质来反对理性主义气质"②。因为,实用主义者"谈论到真理是多元的,谈到真理的利用与满意,谈论到真理成功地起'作用'等等"③,这样的真理观与典型的理智主义者的非功利的客观真理观格格不入,这就决定了实用主义与理性主义的对立。显然,钱锺书将实用主义哲学称为柔性哲学是误解了詹姆斯对柔性与刚性气质的区分,按照詹姆斯的看法,以事实为准绳的、持怀疑论与多元论的经验主义者,恰恰是刚性的,而以原则为准绳、持有神论与一元论的理性主义者,则是柔性的,所谓柔性的人,是指"感情主义者"与"软弱的人"④,由于理性主义者偏向唯心主义,而经验主义偏向唯物主义,而唯心主义者在詹姆斯眼中偏于感情用事及软弱,所以他以柔性气质来指称"总带些武断性气质的理性主义者",反而以刚性气质来指称"愿意开怀畅论"的经验主义者。钱锺书可能以为武断性气质才应该是刚性的,因此才背离詹姆斯的刚性、柔性哲学之辨,而将实用主义哲学称为柔性哲学。事实上,詹姆斯又主张调和科学与宗教,同时满足经验主义和理性主义哲学的要求,他希望实用主义哲学"既能像理想主义一样,含有宗教性,但同时又像经验主义一样,能保持和

---

① 威廉·詹姆斯《实用主义》,第29页。
② 威廉·詹姆斯《实用主义》,第37页。
③ 威廉·詹姆斯《实用主义》,第37页。
④ 威廉·詹姆斯《实用主义》,第9—10页。

事实最密切的关系"[1]，他宣称，实用主义正是科学与宗教、经验主义与理性主义之间的"调和"路线[2]，并倾向于成为介乎悲观主义（主张世界不能得救）与乐观主义（主张世界必然得救）之间的"改善主义"。[3] 这种调和主义与改善主义的态度，颇有温和改良派的气质，的确给人随和与软心肠之感，钱锺书会将詹姆斯、杜威等实用主义哲学家看成柔性的人，也情有可原。

在《实用主义与波特主义》的开篇，钱锺书介绍说，实用主义这一流行哲学与一部流行小说所讽刺的"思想状态"（mentality）的相似性对他有很大触动，他这篇论文无意对实用主义进行严肃批评，因为批评已太多，而只是意在揭示上述哲学精神与文学讽刺对象的相似性。[4] 钱锺书所说的这部流行小说就是英国现代作家露丝·麦考莱（Rose Macaulay）所著《波特主义》（*Potterism*），这部小说是对波特（Potter）所创建的媒体帝国的讽刺，波特深知大众喜欢肤浅平庸的报刊文章，为了销量，他乐于迎合大众口味，他公司里的记者则不得不设法在真相与卖点之间寻求平衡。质而言之，波特主义即是媒体大亨波特所代表的将真理商品化、将真相的揭示商业化的办报方针，及与之相应的生活态

---

[1] 威廉·詹姆斯《实用主义》，第20页。
[2] 威廉·詹姆斯《实用主义》，第24页。
[3] 威廉·詹姆斯《实用主义》，第146页。
[4] D.T.S（钱锺书），Pragmatism and Potterism.

度、思想状态。钱锺书对实用主义与波特主义的相似性分析如下：

> Now Pragmatism with its American stamp, its instrumentalism, its tender-heartedness and its unscientific character, bears a striking resemblance to what Miss Rose Macaulay describes as "Potterism". A few quotations from that brilliant satire will suffice to prove my point: "Potterism was mainly an Anglo-Saxon disease. Worst of all in America, the great home of commerce, success, and the booming of the second-rate.... No good scientist can conceivably be a Potterite, because he is concerned with truth. Potterism is all for short and easy cuts and showy results.... The very essence of Potterism is going for things for what they'll bring you, what they lead to, instead of for the thing in itself.... Their attitude towards truth was typical: Clare wouldn't see it; Jane saw it perfectly clearly and would reject it without hesitation if it suited her book", etc., etc.. All these can be said with equal appropriateness of Pragmatism: and Pragmatism smells strongly of Potterism.

五、"在吃布丁的时候检验布丁"

参考译文：

实用主义作为美国的象征，它的工具主义，柔性气质，以及非科学的特质，与露丝·麦考莱所描述的"波特主义"具有惊人的相似性。出自这部杰出讽刺作品的以下引文足以证明我的观点："波特主义主要是一种盎格鲁—撒克逊病。全美最糟，商业大厦，成功，次货的涌现……优秀的科学家不可能是波特主义者，因为他关注真理。波特主义所追求的只是捷径、机会与可资炫耀的结果……波特主义的实质是不关心事物的性质，只关心事物的益处与用途……他们对待真相的态度颇具代表性：克莱尔无意探究真相；珍妮对真相洞若观火，但为了自身需要，她会毫不犹豫放弃真相"，等等，等等。所有这些都适用于评价实用主义，与此同时，实用主义弥漫着波特主义的浓烈气味。

文中提到的克莱尔、珍妮是传媒大亨波特的女儿。克莱尔为人功利，她为了跻身上流社会，接受了波特出版社助理编辑奥立弗的求婚。珍妮曾经仇视波特主义，但在"一战"后，她因为找不到好工作，所以只能到他父亲的办公室做秘书。在钱锺书看来，露丝·麦考莱所描述的克莱尔、珍妮对待真相或真理的冷漠或功利态度，与实用主义者相似，并且，波特主义"不关心事物的性质，只关心事物的益处与用途"、致力追求"捷径、机会与可资炫耀的结果"等评语也适用于实用主义。更重要的是，钱锺书认同实用主义是一种"盎格鲁—撒克逊病"，也就是说，他将实用主义视为一种体现盎格鲁—撒克逊人特点的病态思想、病态哲学。盎格鲁—撒克逊人是对在5—6世纪期间迁居不列颠群岛的日耳曼部落的总称，17世纪后，一批英格兰和苏格兰的移民来到北美洲，这批人在美国独立后逐渐发展为一个被称为White Anglo-Saxon Protestant 即白人盎格鲁—撒克逊新教徒的群体，这个群体简称WASP，多为富裕且有广泛政治经济人脉的上流社会美国人。露丝·麦考莱显然不喜欢带有种族主义倾向的盎格鲁—撒克逊人，在她看来，庸俗的、功利的、铜臭味十足的波特主义是盎格鲁—撒克逊后裔的一种病症。

从学术史、思想史的角度着眼，钱锺书对美国实用主义思想的关注，应当受到了当时学界以胡适为代表的学人对杜威实用主义哲学及实证主义(positivism)方法的推介的影响。他对实用主义虽然语多讽刺，尤其是将代表媒体帝国迎合庸众口味的营销思路的波特主义等同于实用主义，未免稍嫌过火，但在研究方法上，实用主义从纷繁的事实中发现真理、以实际效果解决理论论争的方法论、认识论，钱锺书实则深得其心。他在晚年自嘲是"实用主义者"，道出了部分真相。综括而论，钱锺书的文学研究思维与文学批评方法，融合了实用主义及作为其思想渊源的经验主义(empiricism)的实证、归纳之法，以及神秘主义、直觉主义的神会、妙悟之道。

六、休谟的问题

　　罗素认为,休谟是西方哲学史上最重要的哲学家之一,因为他将洛克和贝克莱的经验主义哲学"发展到合乎逻辑的结论",并且"通过将其理论自洽化而使其臻于完善"。[①]前文提到,钱锺书自就读东林小学直至留学英法期间,对英国经验主义哲学进行了颇为系统的研读,他第一篇公开发表的英文作文《读报的乐趣》就是对培根读史明智说的拓展,他的文言少作《进化蠡见》批判了霍布斯的"利维坦"学说,他在牛津大学的学位论文则以休谟的中国观作为近代英国人看中国的代表性观点,也提到了贝克莱在其著名哲学对话录《阿尔西伏龙》中涉及中国的对话内容。经验主义哲学家的代表作如培根的《新工具》(*Novum Organum*),霍布斯的《利

[①] Bertrand Russell, *History of Western Philosophy*, P.634.（原文为:"developed to its logical conclusions""by making it self-consistent made it incredible"。）

维坦》，洛克的《政府论》，贝克莱的《阿尔西伏龙》，休谟的《人性论》《道德原则研究》，在他的小说散文、文艺评论及思想札记中屡屡被引用或化用。

1932年10月、11月，正在清华外文系求学的钱锺书在《大公报》"世界思潮"专刊，连续发表了两篇关于休谟的书评，一篇题为"大卫休谟"，一篇题为"休谟的哲学"，分别针对1931年伦敦出版的格莱格（J. Y. T. Greig）所著《大卫·休谟传》（David Hume）与1932年同样于伦敦出版的莱尔德（John Laird）所著《休谟的人性哲学》（Hume's Philosophy of Human Nature，按，钱锺书译为《休谟之原人哲学》）。

在《大卫休谟》一文中，钱锺书首先介绍了休谟在西方学界由"声名低落"到"翻过身来"，亦即其哲学思想的价值由被否定被冷落到重新被关注的转变：

> 这几年来，休谟似乎又交上好运了，试看，关于他的哲学和他的生平的书接连地出版。是六十年前罢，那时格林（T. H. Green）为休谟的全集做了两篇传诵一时的"引论"，指桑骂槐地借着攻击休谟来攻击穆勒和斯宾塞尔，把休谟批评得体无完肤；从此，休谟的声名立刻低落下去，而格林的声名忽然地响起来了。格林劝二十五岁以下的青年，专读康德和黑格尔，而丢开斯宾塞尔和穆勒！当然，他不好意思说丢开洛克和休谟。六十年来，斯宾塞尔和穆勒诚然是"束置高阁"（on a

shelf）了；康德和黑格尔呢？谢谢格林和凯尔德（Caird）的鼓噪，已经风弥英国了；但是，被打倒的休谟居然翻过身来了；而格林自己呢？时髦的唯心论者一手拉拢爱因斯坦，一手拉拢柯罗采了；甚而至于卜赖德雷的书，也是驳的多，读的少了，而格林呢？Où sont les neiges d'antan?[①]

1874年至1875年，格林（Thomas Hill Green）和格罗斯（Thomas Hodge Grose）编辑出版了《大卫·休谟哲学著作集》（The philosophical works of David Hume），格林为此书写了两篇导言，分别是《休谟的〈人性论〉导论》（Introductions to Hume's Treatise of Human Nature）与《休谟〈人性论〉道德部分导论》（Introduction to the Moral Part of Hume's Treatise of Human Nature）。这两篇导言就是钱锺书所说的格林为休谟全集所作的"两篇传诵一时的'引论'"，其发表年份，以钱锺书撰文时的1932年为基准来推算，确实在"六十年前"左右。

格林是绝对唯心主义者（absolute idealist）、英国新黑格尔主义奠基人，他为休谟《人性论》所作引论是对传统经验主义的激烈批评，产生了极大影响。从19世纪末到20世纪20年代，随着新黑格尔主义成为英国哲学的主流，"格

[①] 钱锺书《大卫休谟》，《钱锺书散文》，第130—131页。

林对休谟的评价得到了普遍的接受,成为休谟哲学评价中的权威之见"。① 格林的代表作是《伦理学绪论》(*Prolegomena to Ethics*),在他死后才出版。在格林生前,他主要以休谟的批判者著称。前文介绍柏格森哲学对青年钱锺书的影响时提到,法国诗人查尔斯·佩吉将班达所代表的理性主义与柏格森所代表的非理性主义的冲突称为"柏格森—班达事件",同理,绝对唯心主义者格林对经验主义者休谟的批评,也可称为"休谟—格林事件",译成英文就是"the Hume-Green affair"。

在《休谟的〈人性论〉导论》中,格林着重分析了英国经验主义从洛克到休谟的发展,认为洛克创立了经验论的基本原则,但由于他的常识观点和逻辑上的不严密,未能看到经验论的荒谬结局,休谟则从洛克的原则出发,揭示了经验论的局限,推出了它的逻辑结局。根据休谟的理论,除了主观的心理状态,世界上任何东西都不存在,既没有自我,也没有外界的事物。休谟的怀疑论宣告了经验论的破产,其作用就是使经验论寿终正寝,为康德哲学作了准备。② 对于康德哲学批判性地发展了休谟思想这一点,学界没有异议,但对休谟的怀疑论宣告了经验论的破产这一观点,争议较大。罗素盛赞休谟哲学将洛克和贝克莱的经验主义哲学"发展到合乎逻辑的结论",并且"通过将其理论自洽化而使其臻于

---

① 周晓亮《浅析西方关于休谟哲学的三种观点》,《哲学动态》1995年第11期。
② 周晓亮《浅析西方关于休谟哲学的三种观点》。

完善"，即是对格林等人否定性评价的强力回击。罗素甚至认为，批驳休谟成了"形而上学家们所热衷的消遣"，但对他来说，"所有这些批驳都是没有说服力的"，而且，他衷心希望，"比休谟的理论系统更可靠的东西可以被发现"。[1]

钱锺书指出，格林"指桑骂槐地借着攻击休谟来攻击穆勒和斯宾塞尔（按，通译斯宾塞），把休谟批评得体无完肤"，并且"劝二十五岁以下的青年，专读康德和黑格尔，而丢开斯宾塞尔和穆勒"，但"不好意思说丢开洛克和休谟"，又提到，自格林批判休谟之后的六十年来，斯宾塞和穆勒诚然是"束置高阁"了，康德和黑格尔则因为格林和凯尔德的"鼓噪"，已经"风弥英国"了。

斯宾塞（Herbert Spencer）和穆勒（John Stuart Mill）[2]是英国19世纪实证主义（positivism）哲学的代表人物，与洛克、休谟所代表的经验主义哲学一样，实证主义也强调感觉经验，排斥形而上学传统，且拒绝通过理性把握感觉材料，认为通过对现象的归纳就可以得到科学定律。穆勒将法国孔德开创的实证主义引入英国，并与英国的经验主义传统相结合，且与其父亲詹姆斯·穆勒一样，均支持边沁（Jeremy Bentham）的功利主义（utilitarianism），代表作为《论自由》。

---

[1] Bertrand Russell, *History of Western Philosophy*, P.634.（原文为："a favourite pastime among metaphysicians" "none of their refutations convincing" "something less skeptical than Hume's system may be discoverable"。）

[2] 按，又译密尔。穆勒父子均为著名哲学家，此处钱锺书将穆勒与斯宾塞并提，则应指詹姆斯·穆勒之子约翰·穆勒，即 John Stuart Mill。

格林作为新黑格尔主义者，推崇"欧陆理性主义者"（the Continental Rationalists），不认同"英国经验主义者"（the British Empiricists）[①]，也拒斥实证主义，这就是他攻击休谟、穆勒和斯宾塞，而推崇康德、黑格尔的根本原因。与他一起鼓吹康德、黑格尔的凯尔德，也是新黑格尔主义者。

不过，时至钱锺书读大学时的20世纪30年代，英国哲学界的风气已有所转变，一度成为英国哲学主流的新黑格尔主义受到了冲击，"被打倒的休谟居然翻过身来"，"关于他的哲学和他的生平的书接连地出版"，钱锺书在清华园研读并评论的《大卫·休谟传》《休谟的人性哲学》就分别于1931年、1932年在伦敦出版。据钱锺书的观察，当时西方的一些唯心论者，一手拉拢爱因斯坦，一手拉拢克罗齐（按，即钱锺书文中的柯罗采）。克罗齐深受黑格尔影响，但他进一步否认物质、自然的客观存在、独立存在，认为精神是现实的全部内容，情感、欲念、快感、痛感等精神"材料"均是心灵的产物，它一旦经过直觉，就可以获得"形式"。因此，克罗齐主张哲学就是关于精神的科学，即纯粹的精神哲学，又在美学上将黑格尔以理念为核心的理性主义美学改造为以直觉为核心的非理性主义美学。他继承本国前辈维柯的

[①] David Fate Norton, The myth of "British empiricism", *History of European Ideas*, Volume 1, 1981-Issue 4.

理念，肯定语言是一种形象思维，在本质上和艺术相同。①

钱锺书眼中的"时髦的唯心论者"（按，应指鼓吹康德、黑格尔的英美哲学家）一方面同时"拉拢"爱因斯坦（象征现代科学）与克罗齐（象征精神哲学），另一方面对于致力整合英国经验论传统与黑格尔哲学、与克罗齐一样同为新黑格尔主义者的布拉德莱，却是"驳的多，读的少"，至于格林，则已如明日黄花，乏人问津。钱锺书在此处引用法国中世纪诗人维龙（Francois Villon）的诗句"Qù sont les neiges d'antan？"，以表达对格林因批判休谟而声名鹊起而后又遭人冷落的际遇的感慨。"Qù sont les neiges d'antan？"转换成英文即是"Where are the snows of bygone years?"，意为"往年的雪何在"，类似于苏东坡所谓"明日黄花"（苏轼《九日次韵王巩》"明日黄花蝶也愁"）。

在介绍了格林对休谟的批判及休谟在哲学史上的地位浮沉之后，钱锺书对格林与休谟的思想关联作出了别具匠心的判断：

> 格林和休谟间的关系，并不如一般哲学史家和唯心论者甚而至于格林自己所想的那样格格不相容。据我看来，格林其实是承受休谟的知识论的衣钵的。何所见而

---

① 克罗齐虽然认为审美是直觉的活动，但他同时认为，把思想当成直觉的活动是荒谬的。在后一点上，克罗齐的直觉论与同时代的柏格森的直觉主义有异，因为柏格森认为，直觉是揭示本质真实、绝对真理的认知方式。

云然？即于格林讲"知识中之精神原理"见之。因为格林不知不觉地接受了休谟对于知识的解析——一切感觉是零零碎碎的，不相联系的——所以他才那样发急，特地（ad hoc）把"精神原理"介绍进来，为这许多不联属的，零碎的感觉拉拢。假使格林像詹美士那样批评休谟——根本反对是感觉不联属的，零碎的，那么，"精神原理"便不需要了，至少在知识论上。这岂不是强有力的反证么？①

这一节评论是钱锺书《大卫休谟》一文中最具学术价值的段落，也是钱锺书关于休谟哲学的评论中相当重要的部分。在他看来，格林与休谟并非如哲学史所论定的那样格格不入，前者其实继承了后者的知识论衣钵。证据就是格林试图以"精神原理"整合休谟所谓"不联属的，零碎的感觉"。按照钱锺书的逻辑，如果格林像詹姆斯那样根本反对休谟关于知识的解析，也就不会试图借助"精神原理"统摄基于感觉的知识碎片。格林对"知识中之精神原理"（spiritual principle in human knowledge）的分析，见于其《伦理学绪论》。该书提出了关于人类的知识、意志自由以及道德行为动机的理论，分为四卷，第一卷名为"知识的形而上学"（Metaphysics of Knowledge），探讨了自然和知识中的精神原理，论述了永

---

① 钱锺书《大卫休谟》，《钱锺书散文》，第131页。

恒的意识如何主导精神原理。格林认为，这种"知识的形而上学"对于理解"道德行为的形而上学"（the metaphysics of moral action）是必不可缺的思想途径。[1]

前文论及普鲁斯特与西方哲学的关系时，译介了钱锺书英文论文《欧洲小说与小说家》中所谓普鲁斯特的艺术手法在对联想的重视及对性格的原子论式审视方面更接近休谟哲学这一观点。心理原子论认为，一切经验都可以解析为分散的、个别的感觉。休谟的知识论正是以这种认识为基础。同样在《欧洲小说与小说家》一文中，钱锺书介绍说，叶芝（W.B.Yeats）为一部关于贝克莱的著作作序时称，小说中的"意识流"手法是对左拉的自然主义的颠覆，同时与哲学中的新实在论相呼应。钱锺书指出，如果叶芝进一步钻研新实在论，就会发现新实在论受惠于休谟。[2] 新实在论者并不讳言受到休谟影响[3]，该流派的代表人物有罗素、怀特海等人。罗素认为，"一切经验都可以解析为感觉"[4]。这一观点显然继承休谟知识论之衣钵。

---

[1] Thomas Hill Green, *Prolegomena to Ethics*, edited by A.C. Bradley (Oxford: Oxford University Press, 1884), p. 90.

[2] Ch'ien Chung-shu, Great European Novels and Novelists, *A Collection of Qian Zhongshu's English Essays*, p.25.

[3] Cf. Ralph Barton Perry, *Present Philosophical Tendencies*, New York: Longmans, Green & Co., 1912, p.307.

[4] Ch'ien Chung-shu, Great European Novels and Novelists, *A Collection of Qian Zhongshu's English Essays*, p.25.（原文为："all experience to be analyzable into sensations."）

与罗素相对照，格林是否继承了休谟的知识论衣钵呢？美国哲学家梯利（Frank Thilly）在《西洋哲学史》中指出，"自然科学所研究的是观察和经验所确定之自然的、现象的、空间的与时间的种种事实。哲学或玄学所讨论的是表现这些事实之精神的或本体的原理。哲学经验论者与进化论者之错误，在以产生现象的秩序者为现象的秩序之结果。若无统一的组织的精神原理，自然界的知识将不能成立。这是格林与康德之批评一致之处"①。由此可见，格林主张以统一的精神原理统摄现象与自然界，不是为了整合零碎的感觉，而是为了纠正经验论者、进化论者将现实秩序背后的精神的、本体的原理视为现实秩序的产物的谬误。因此，格林继承休谟的知识论衣钵之说是存疑的。更重要的是，休谟将人的知觉（perception）分为印象（impression）与观念（idea）两部分，印象固然是最原始的感观或感觉，"包括所有初次出现在灵魂里的感觉、情感和情绪"，但它有"感觉印象与反省印象，简单印象与复杂印象之分"，观念则是感觉、情感和情绪在"思维与推理中的微弱的意向"。②因此，在人的知觉中已有思维与推理的参与，即便在印象层次，也有反省印象、复杂印象，它们必然在一定程度上统摄了所谓"不联属的，零

---

① 梯利《西洋哲学史》（陈正谟译），台北：台湾商务印书馆，1990，第616页。该译本是梯利《西洋哲学史》的最早中译本，由上海商务印书馆于1938年首次印行，列入当时的"大学丛书（教本）"，含上、下两册。
② 休谟《人性论》（关文运译），北京：商务印书馆，1997，第11页。

碎的感觉"，而不必依赖格林的"精神原理"。

钱锺书《大卫休谟》一文的第三个要点是揭示并肯定了《大卫·休谟传》作者格莱格对于休谟的人格的解释：

> 从来批评休谟的人，总说他名心（vanity）太重，例如 Taylor 教授在《休谟与不可思议》演讲中，Selby-Bigge 爵士在《人知探究》引论内。赫胥黎甚至痛斥休谟为好名一念所误，不专攻哲学。但是，从格莱格教授看来，休谟根本上是一个讲实际而不重虚想的人。像《人性论》那样大著不过是休谟少年未入世以前的"超超玄著"。休谟中年后的讲史学，讲政治，讲经济，改《人性论》为《人知探究》，并非想"曲学阿世，哗众取宠"，像赫胥黎所说，而实出于其求实用的脾气。这一点的确是于休谟的人格的解释上极重大的贡献。①

从西方哲学界对休谟的评论来看，不仅他的经验论、怀疑论屡受质疑，他的人格特质也经常被批评。如钱锺书提到的泰勒（Taylor）、塞尔比别格（Selby-Bigge）、赫胥黎，均批评休谟"名心太重"，赫胥黎更是斥责他"为好名一念所误，不专攻哲学"。泰勒（Alfred Edward Taylor）是英国近代唯心主义哲学家，主要研究柏拉图哲学与基督教神学，

---

① 钱锺书《大卫休谟》，《钱锺书散文》，第132—133页。

代表作为《上帝是否存在？》，其演讲稿《休谟与不可思议》的英文原题是"David Hume and the Miraculous"。该演讲是对休谟《人类理解研究》（An enquiry concerning the human understanding，即钱锺书所谓《人知探究》）中《论神迹》（Of Miracle）一节的批判。泰勒承认，他无法确认休谟是伟大的哲学家还是仅仅称得上"聪明人"，对于休谟的"逐名之嗜"，他甚至感到有些恶心。[①] 钱锺书指出，格莱格所著《大卫·休谟传》的一大价值就是为休谟人格所作的辨析与辩护。在格莱格看来，休谟根本上是一个讲实际而不重虚想的人，他将《人性论》的第一部分改写为《人类理解研究》，而且在哲学之外探究史学、政治、经济，并非想"曲学阿世，哗众取宠"，而是出于其实用的脾气。钱锺书认为，这是格莱格在对休谟的人格的解释上极重大的贡献。事实上，格莱格的观点在当时也并非孤立的看法。如斯坦利（Stanley V. Keeling）在1928年发表的关于泰勒《休谟与不可思议》的评论中即指出，"没有理由认为休谟以牺牲理智上的诚实健全为代价去攫取名声，也没有理由认为休谟的哲学并非杰出人格的反映"。[②]

---

① Stanley V. Keeling, Review on David Hume and the Miraculous, *Journal of Philosophical Studies* (Cambridge University Press), Oct., 1928, Vol. 3, No. 12 (Oct., 1928), p. 535.

② Stanley V. Keeling, Review on David Hume and the Miraculous, *Journal of Philosophical Studies*, Oct., 1928, Vol. 3, No. 12 (Oct., 1928), p. 535.（原文为："But there is no reason to suppose that 'notoriety' was sought or gained at the price of intellectual integrity; or that Hume's philosophy did not express a remarkable personality...."）

综上，钱锺书《大卫休谟》一文的要点有三，一是说明休谟哲学的属性及在西方哲学史上的地位，二是揭示休谟批判者格林其实在知识论上继承了休谟的思想，三是肯定格莱格对于休谟人格的辩护。除此之外，该文对休谟的饮食爱好、苏格兰身份以及格莱格的传记写作风格等方面，也都饶有兴味地作了点评。全文风趣俏皮，甚至语多调侃，更像是一篇王尔德、萧伯纳式的杂文。

与该文相比，钱锺书仅隔二十天后同样发表在《大公报》上的《休谟的哲学》一文，虽然仍不免好打趣、好讥讽的行文习惯，而且对哲人的"文笔"格外关注，如批评莱尔德的《休谟的人性哲学》一书没有学到休谟文笔的好处，却学到了休谟文笔的坏处，也即《大卫·休谟传》作者格莱格所谓"为求悦耳而好用对偶"（pairing for euphony）[1]，但总体来看，《休谟的哲学》一文是一篇学理性、条理性较强的书评。

如果说，《休谟的人性哲学》一书是对休谟哲学的批评，《休谟的哲学》一文则是对休谟哲学的批评的批评。钱锺书并未亦步亦趋地介绍莱尔德的观点，而是根据自己对休谟哲学的理解，对莱尔德的观点进行反思。因此，此文可以说是钱锺书与莱尔德的理论交锋，颇有柏拉图、贝克莱等人的哲学对话录的风格，也颇有《魔鬼夜访钱锺书先生》等作品所表现出的古希腊智者派式的论辩色彩。

---

[1] 钱锺书《休谟的哲学》，《钱锺书散文》，第119页。

莱尔德以为，"休谟的哲学的基本原则是：一切知识和信仰皆始于现象（appearances）而终于现象，一切现象皆由于感觉（sensations）"①。钱锺书指出，休谟哲学的基本原则共有两条，莱尔德遗漏了描述感觉的性质的第二条原则，即："一切感觉都是零碎的，不相联系的，界限分明的（distinct）。"②钱锺书介绍说，在英文原版《人性论》（*A Treatise of Human Nature*）的第636页，休谟将自己的哲学综括成两个命题，但莱尔德没有注意到，因此未能得休谟哲学之全。③钱锺书将休谟哲学的基本原则或中心原则概括为"感象论"，并指出，莱尔德虽然知道"感象论"是休谟哲学的中心原则，却没能把休谟对于此原则在各种问题上之应用作有条理的叙述，以致其对休谟哲学的分析"缺乏纲领"。④为了明晰呈现休谟哲学的脉络，钱锺书提纲挈领地指出，休谟运用其知识论两原则（原则一，知识源于现象、感觉；原则二，感觉不相联系、界限分明）解决问题时有三种模式：其一，并用两原则，例如他论因果关系；其二，仅用原则一，例如他论几何学；其三，仅用原则二，例如他论自我、时间。

作为主张将科学（包括人的科学）建立在"经验和观察"

---

① 钱锺书《休谟的哲学》，《钱锺书散文》，第120页。
② 钱锺书《休谟的哲学》，《钱锺书散文》，第120页。
③ 钱锺书《休谟的哲学》，《钱锺书散文》，第120页。按，钱锺书研读的《人性论》应是塞尔比别格1896年编本，参见钱锺书《汉译第一首英语诗〈人生颂〉及有关二三事》第83条注释，《七缀集》（修订本），第167页。
④ 钱锺书《休谟的哲学》，《钱锺书散文》，第120页。

这一基础之上[①]的经验主义怀疑论者，休谟对因果关系的客观性、归纳法的合理性、自我的确定性以至上帝的存在等诸多关乎人类认知与信仰的固有认识或正统观念均加以质疑，由此衍生出了著名的"休谟问题"（Hume's Problem），西方哲学界迄今仍在探讨并尝试解决"因果问题"（problem of causation）、"实然与应然问题"（is-ought problem），以及对归纳法的前提——即"未来是对过去的效仿"（the future will resemble the past）——加以挑战的"归纳法问题"（problem of induction）[②]等。关于因果问题，有西方学者指出："一百多年来，正是由于休谟，分析哲学家们认为因果关系是可疑的。"[③]

钱锺书指出，休谟对因果律的质疑并用了两条原则。根据感觉不相联系的原则，一切存在或物件只能相毗邻（contiguous），决不能相联通（connected），但根据知识源于现象、感觉的原则，由于因果关系是公认的现象，普遍的信仰，又似乎不可否认，因为"感象论"的要旨，简括地

[①] 休谟认为："关于人的科学是其他科学的唯一牢固的基础，而我们对这个科学本身所能给予的唯一牢固的基础，又必须建立在经验和观察之上。"见休谟《人性论》（关文运译），第8页。

[②] Alexander Jackson, How to Solve Hume's Problem of Induction, *Episteme*, Volume 16, Issue 2, June 2019, pp. 157—174.

[③] Helen Beebee, *Hume and the Problem of Causation*, in P. Russell (ed.), The Oxford Handbook of Hume (New York: OUP, 2016).（原文为："It is in good part due to Hume that causation has been regarded as problematic by analytic philosophers in the last hundred years or so."）

说就是"似的即是的"（whatever appears is）。钱锺书推断，休谟是在左右为难之下，想出了折中办法：一方面否认因果关系物理上（或现象上）的存在，以求无背于感觉不相联系的原则；另一方面承认因果观念心理上的存在，亦即承认因果观念是联想习惯的产物，以求无背于知识源于现象、感觉的原则。钱锺书认为，休谟通过并用其知识论两原则而使其因果论两面俱圆，不至于自相矛盾。①

纵观西方哲学史，休谟的"感象论"可谓渊源有自，前文提到的古希腊哲学家泰拉泰德、普罗泰戈拉分别主张"知识是感觉""人是万物的尺度"（如对风的冷暖的判断取决于各人的感觉），都是其思想先声。前文也已指出，休谟将人的知觉（perception）分为印象与观念两部分，印象作为最原始的感观或感觉，有"感觉印象与反省印象，简单印象与复杂印象之分"，作为"反省印象""复杂印象"，必然在一定程度上统摄了所谓"不联属的，零碎的感觉"，而不必依赖格林的"精神原理"。因此，休谟的知识论原则一与他本人的印象论并不能做到理论自洽。对于他的否定因果关系的客观存在，可以套用前文提到的麦考莱对归纳法的评论来加以回应：因果观念在人类社会的开端就已出现，即使是"最无知的笨蛋""最懵懂的学童"与"哺乳期的幼儿"，都会一再运用因果律。通过因果律，笨蛋知道没有耕耘就没有收

---

① 钱锺书《休谟的哲学》，《钱锺书散文》，第121页。

获，学童知道多云的天气适合捕捉鳟鱼，婴儿知道母亲或保姆才能供奶，而不是父亲。事实上，由感而知、以具体经验为尺度的知识论，本就是经验主义哲学的核心依据，休谟对因果关系客观性及感觉相关性的否定，至少违背了常人的经验，而陷入了诡辩论。

与休谟否认因果关系物理上的存在而承认因果观念心理上的存在相似，对于几何学，休谟承认几何学组织之为对（valid），而否认"几何观念"（geometrical ideas）之为实（real）。[①] 钱锺书指出，休谟在此仅运用了知识源于现象、感觉这一原则对现象上能否找出清晰准确的"几何观念"表示怀疑，但他的见解并非如莱尔德所说，适与笛卡尔相反，因为笛卡尔之尊几何学，正由于它组织之严密，可以使它"脱离感觉界"（withdraw from senses）。与之相对照，休谟虽然对几何学在现象上的依据有疑问，但他对几何学组织的严密并未否认，甚至认为，几何命题间的关系"无懈可击"（fullest assent and approbation）。因此，休谟与笛卡尔在几何学问题上并没有针锋相对。[②] 需要指出的是，钱锺书在此引用了笛卡尔《谈谈正确引导理性在各门科学上寻找真理的方法》（英文版第75页）的观点，该书的法文原版于1637年出版，为西方人的理性思考、科学研究提供了方法论指南，成为笛卡尔主义、欧陆理性主义的标杆，其英文标题为"Discourse on

---
① 钱锺书《休谟的哲学》，《钱锺书散文》，第121页。
② 钱锺书《休谟的哲学》，《钱锺书散文》，第122页。

the Method of Rightly Conducting One's Reason and of Seeking Truth in the Sciences",钱锺书简称为"Discourse"。从钱锺书对休谟、笛卡尔关于几何学认识的调解来看,他对理性主义、经验主义之争也必定持较圆通的看法。他甚至认为,休谟所谓"知觉"(perception)与笛卡尔所谓"直觉"(intuition)十分相像,都属于原子论性质(atomistic)。[①]这一提示对于深思以"柏格森—班达事件"为标志的直觉主义与斯宾诺莎式的理性思维的对立及冲突,具有深刻的启示意义。

关于时间及自我问题,休谟采用了与其反思因果关系与几何学有别的第三种思辨模式,即仅运用感觉不相关性原则解决问题。钱锺书指出,格林对休谟的这一思辨模式"批评最利害"[②],因为,如前文所述,格林主张对"不联属的,零碎的感觉"加以统合。关于休谟的时间论,钱锺书认为,休谟因为执着于感觉不相关性原则,所以觉得时间也可以分为零碎的"parts",也就是把时间"空间化"了,所以他只注意到时间的"更替"(succession),而没有注意到时间上最重要的两个现象——"同时性"(simultaneity)与"绵延"(duration)。

"同时性"与"绵延"是柏格森时间哲学中的两个核心概念。1922年4月,柏格森与爱因斯坦在法国哲学学会主办的学术活动中爆发了激烈争论。柏格森认为时间必须以哲学

[①] 钱锺书《休谟的哲学》,《钱锺书散文》,第122页。
[②] 钱锺书《休谟的哲学》,《钱锺书散文》,第122页。

的方式加以理解，相对论更适用于认识论的范畴。爱因斯坦则回应说，哲学家所说的时间并不存在，与物理学家的时间概念不同的只有心理学家的时间概念。[1] 柏格森为捍卫自己的观点写作了《绵延与同时性：关于爱因斯坦的理论》(*Durée et Simultanéité: À propos de la théorie d'Einstein*)，发展了他在1889年出版的《时间与自由意志》中提出的人们通过观察指针的运动与相对应的钟摆的摆动所测度的只是"同时性"（Simultanéité）而非时间之"绵延"（Durée）的理论。这就是著名的爱因斯坦与柏格森之争。西方学者认为，这次争论"改变了我们对时间的理解"。[2] 钱锺书批评休谟将时间碎片化、空间化，即是以柏格森的时间理论为依据。这也再次证明柏格森对钱锺书的深刻影响。

关于休谟的自我论，钱锺书在《休谟的哲学》中并未加以评说。但在1939年冬于蓝田国立师院外文系任教之时开始撰写的《谈艺录》及20世纪60年代开始撰写的《管锥编》中，钱锺书多次提到休谟的自我论，并且经历了一个将休谟的自我论与佛学思想相比较，进而以老子、黑格尔的辩证法思想对其加以批驳的过程，堪称西方哲学东渐历史上的一个重要案例或"公案"。

---

[1] Jimena Canales, *The Physicist and the Philosopher: Einstein, Bergson, and the Debate That Changed Our Understanding of Time*, Princeton University Press, 2015, pp.3—15.

[2] Jimena Canales, *The Physicist and the Philosopher: Einstein, Bergson, and the Debate That Changed Our Understanding of Time*.

钱锺书在《谈艺录》第八八则论白瑞蒙诗学与神秘经验关系时指出，"白瑞蒙谓作诗神来之候，破遣我相，与神秘经验相同"①，而"布莱克（Blake）道此綦详。其《密尔敦》（Milton）一诗，反复言'破我'、'灭我'之义，且亦通之于作诗"②，又指出，"破我之说，东西神秘宗之常言"③。对于东西方"破我"论之异同，钱锺书在旁注中指出，"释氏破我，论证与休谟要义相同，而立说宗旨则大异"④。在《谈艺录》补订本中，钱锺书对这一旁注作了补订：

> 休谟谓"我"（Personal identity, Self）初非整体常住，乃先后相续之无数部分（a succession of parts），*Treatise*, ed.L.A.Selby-Bigge, 255。犹《楞严经》卷二波斯匿王言："沉思谛观，刹刹那那，念念之间，不得停住。"休谟谓辩论"我"之有无，乃文法上之疑难，而非哲学上之疑难（grammatical rather than philosophical difficulties），则犹《大智度论·我闻一时释论》第二云："问曰：若佛法中言一切无有吾我，云何佛经初头言如是我闻。答曰：佛弟子辈无我，随俗法说我，非实我也。"⑤

---

① 钱锺书《谈艺录》，第276页。
② 钱锺书《谈艺录》，第276—277页。
③ 钱锺书《谈艺录》，第277页。
④ 钱锺书《谈艺录》，第277页。
⑤ 钱锺书《谈艺录》，第596—597页。

六、休谟的问题

从钱锺书所引休谟"破我"论的原文出处可见,他研读的是休谟《人性论》的塞尔比别格编本(1896年版)。在这段补订中,钱锺书具体说明了佛教"破我"论与休谟"破我"论的相通性:一是皆认为自我变化无常,具有不确定性;二是皆认为我之有无的问题不难体会,但不易言传,因为世俗的文法局限了思想的表达。对于自己在清华求学期间已揭示休谟哲学与佛教思想的相通性,钱锺书颇为自得,他在约五十年后所作的这段补订中特别提到,埃尔顿于1928年出版的《英国文学概述》引用了休谟论"自我不可把捉"(I never can catch myself)一节,并认为休谟的观点"酷似佛教主旨",他是五十年后才偶尔看到埃尔顿的这一评语,感到很高兴,所以予以介绍("喜吾说与合,标而出之")。①

到了《管锥编》中,钱锺书又运用老子、庄子的分合辩证论与黑格尔的量变质变说,破解了休谟的"破我"论及因果论:

> 西方哲理名家亦每陷于分别瞽论而不自知。如休谟之破我、破因果,正用指马百体、数车各件之法。莱伯尼茨倡"小感觉"(les petites perceptions)说,谓合无量数小声息而成巨响,故闻巨响者即可分聆其每一小声息(Il faut qu'on ait quelque perception de chacun de ces

---

① 钱锺书《谈艺录》,第597页。

bruits）；盖误以为合而始具有者，散亦仍具体而微。以散则无存而疑合亦不存，以合则有成而信散亦能成（fallacia compositionis）；如翻覆手，义各堕边。《列子·杨朱》篇孟孙阳曰："一毛微于肌肤，肌肤微于一节，省矣。然则积一毛以成肌肤，积肌肤以成一节，一毛固一体万分中之一物，奈何轻之乎？"全身重，故一毛亦不轻，遂弗肯损一毫以济一世；持之有故，而论则陷窘。充数车、指马之道，有睹于分，无见于合，则不足以知量之增减可致质之变化（der Sprung aus quantitativer Veränderung in qualitaitive）。老标"得一"，庄举"丘里"，诚对治之药言哉！莎士比亚赋《二鸟》诗以喻爱情，略如陈子昂所谓"相得如青鸟翡翠之婉娈"（《全唐文》卷二一六《馆陶郭公姬墓志铭》），有云："可判可别，难解难分"（Two distincts, division none）；颇资断章取义,可牵合枯立治论学之语:"辨别非即分散"（Distinction is not division）。明乎斯理，庶几有一而不亡二、指百体而仍得马、数各件而勿失舆矣。[1]

在这段论述中，钱锺书指出，休谟的破我、破因果，如同莱布尼茨的"小感觉"说、《列子》中孟孙阳所谓"一毛亦不轻"说，都陷入了"分别智论"。"分别智论"即"分

---

[1] 钱锺书《管锥编》，第443—444页。

散智论"（fallacia divisionis），其着眼点是破"聚"，其立论方式是"执散而为各一（units）以破合而成同一（unity）"，即只看到分，而看不到合，只看到事物的各个部件，却看不到各个部件的有机组合而产生的新质或新事物，如佛典中常以数车各件而不得车为例，说明"五蕴聚幻"，一切皆空。[①]所谓数车各件而不得车，类似庄子所讥之"指马之百体而不得马"（《庄子·则阳》），即是将一部车分解为"箱、毂、轮、轴、辐、辋"等各个部件，并认为如果离了这些部件，"更无别车"（《大般涅槃经·狮子吼菩萨品》）。换言之，车并非独立的存在，不具有独立的属性，而只是诸材木的合聚，正如"因五阴名我，是我即无自体"（《中论·观如来品》）。也就是说，自我因色、受、想、行、识这五种遮蔽人之本性的因素而被命名，但自我本身并非独立存在。[②]钱锺书指出，"分散以明本无"，乃"释氏之惯技"，且其"恃此法为显真理惑之利器"，而"不自知其为智论"。[③]"智论"就是谬论。休谟对自我的确定性和因果关系的客观性的否定，以至古希腊哲学家芝诺的"飞矢不动"诡辩[④]，还有莱布尼茨

---

① 钱锺书《管锥编》，第 441—442 页。
② 钱锺书《管锥编》，第 442 页。
③ 钱锺书《管锥编》，第 442 页。
④ 有西方学者以为，休谟的破我、破因果，类似于芝诺的诡辩："Hume's argument is analogous to Zeno's argument against motion by resolving time and space into an infinity of disconnected points and instants."（M.R.Cohen, *The Meaning of Human History*, p.64）

所谓巨响不离小声息,杨朱之学的一毛不可拔之说,都是"分散訾论"的体现。在钱锺书看来,休谟等中西哲人之所以会犯这个错误,根本原因在于"有睹于分"而"无见于合"[①],且误以为"合而始具有者,散亦仍具体而微",又"以散则无存而疑合亦不存,以合则有成而信散亦能成",后者又堕入"聚合訾论"(fallacia compositionis)。而纠正分散訾论、聚合訾论的有效理论与方法,则是老子的"得一"说、庄子的"丘里"说等中国古代的辩证法思想与黑格尔的量变质变说。

《老子》第三十九章曰:"昔之得一者:天得一以清,地得一以灵,神得一以宁,谷得一以盈,万物得一以生,侯王得一以为天下正。"《庄子·则阳》曰:"丘里者,合十姓百名而以为风俗也,合异以为同,散同以为异。今指马之百体而不得马,而马系于前者,立其百体而谓之马也。是故丘山积卑而为高,江河合水而为大,大人合并而为公。"老子的"得一"说与其"道生一,一生二,二生三,三生万物"(《老子》第四十二章)的观念相呼应,表明了他对"一"与"多"关系的辩证认识,一方面,万物源于道、源于一,另一方面,万物归于道、归于一。因此,不能只见万物之"多",而不知其理为"一"。庄子的"丘里"论则是正面破解"指马之百体而不得马"的分散訾论,他以一乡("丘里")之

---

① 钱锺书《管锥编》,第443页。

中虽有十姓百名却形成了统一风俗为例指出，不同的元素可以合成统一体（"合异以为同"），统一体分解开来就是不同的元素（"散同以为异"），孤立地看一匹马的蹄、尾等各个部位，固然可以辩称有蹄、尾而无马，但是，当各个部位完整地呈现在眼前，马的形象豁然可感，就不能不称之为马了（"马系于前者，立其百体而谓之马也"）。显然，老子的"得一"说、庄子的"丘里"论对于破解休谟的自我不可知论、因果虚无论，芝诺的"飞矢不动"诡辩，莱布尼茨的"小感觉"说，杨朱之学的"一毛亦不轻"说等分散智论，均为重要的启迪。休谟认为，自我是"先后相续之无数部分"，永远在变化中，所以不可把握，他又认为，因果关系虽然是公认的现象，但因果观念只是人的联想习惯的产物，所以因果律并不具有客观性。这两种观点的症结在于有见于分而无见于合，或惑于"多"不知其理为"一"。相对老子、庄子的天才感悟，黑格尔的"量之增减可致质之变化"之说则为破解各种分散智论进一步提供了科学依据，芝诺的"飞矢不动"诡辩就此迎刃而解。

综观钱锺书与休谟哲学的关系可以看到，他虽然借助柏格森的时间理论，批评休谟将时间碎片化、空间化，又借助老庄、黑格尔的理论破解了休谟的自我不可知论、因果虚无论，但著名的休谟问题，即"实然与应然问题"（is-ought problem），却对他产生了深刻影响，甚至影响到了他对治学模式的选择，而休谟的怀疑主义哲学，如同叔本华的悲观主义哲学,又对他的人生观及文学创作产生了较大影响。

钱锺书在《汉译第一首英语诗〈人生颂〉及有关二三事》一文的结尾,谈到了"理论系统"的又一通病,他说:

> 郎费罗的好诗或较好的诗也不少,第一首译为中文的偏偏是《人生颂》。那可算是文学交流史对文学教授和评论家们的小小嘲讽或挑衅了!历史上很多——现在就也不少——这种不很合理的事例,更确切地说,很不合学者们的理想和理论的事例。这些都显示休谟所指出的,"是这样"(is)和"应该怎样"(ought)两者老合不拢。在历史过程里,事物的发生和发展往往跟我们闹别扭,恶作剧,推翻了我们定下的铁案,涂抹了我们画出的蓝图,给我们的不透风、不漏水的严密理论系统搠上大大小小的窟窿。①

这段话借助休谟的"是这样"(is)和"应该怎样"(ought)之辨,也就是价值判断和事实判断之辨指出,文论家的理想和理论常常与文学史的事实相冲突,文论家认为不合理的事,却是文学史上的史实,例如郎费罗第一首译为中文的诗歌偏偏是平庸的《人生颂》。这种以价值判断取代事实判断的倾向,是"理论系统"的又一通病,也是它经不起时间的"推

---

① 钱锺书《汉译第一首英语诗〈人生颂〉及有关二三事》,钱锺书《七缀集》(修订本),第159页。

六、休谟的问题

排销蚀"而"垮塌"的根源之一。[①]

此外，钱锺书对鲁迅《汉文学史纲要》过重时代风气对个人的影响略有微辞。他本人有意撰写《中国文学小史》，最后只留下序论。序论中论文学之定义曰：

> 兹不为文学立定义者，以文学如天童舍利，五色无定，随人见性，向来定义，既苦繁多，不必更参之鄙见，徒益争端。且他学定义均主内容（subject matter），文学定义独言功用——外则人事，内则心事，均可著为文章，只须移情动魄——斯已歧矣！他学定义，仅树是非之分；文学定义，更严美丑之别，雅郑之殊——往往有控名责实，宜属文学之书，徒以美不掩丑，瑜不掩瑕，或则以落响凡庸，或乃以操调险激，遂皆被屏不得与于斯文之列——盖存在判断与价值判断合而为一，歧路之中，又有歧焉！[②]

这是钱锺书文艺思想中的又一探本之论，并且是休谟的事实判断、价值判断之辨对钱锺书影响的又一例证。关于文学的界说，钱锺书此论有如柏拉图所谓"美是难的"，都是以无胜有。虽然钱锺书认为，文学"有定指而无定义"

[①] 详见拙著《钱锺书与文艺的西潮》第七章"挑战西学范式：钱锺书的反'体系'论"。
[②] 钱锺书《中国文学小史序论》，《钱锺书散文》，第476页。

（definite without being definable），但其文学观并不属于反本质论，因其文学如天童舍利，随人见性，且融是非、美丑、雅郑之辨于一体之说，即是定性。更重要的是，钱锺书借助休谟的理论，深刻揭示了关于何为文学的认知中，存在将"文学"等同于"斯文"（亦即风雅之事）的倾向，其特点是以雅、郑（即雅、俗，或正、邪）作为文学与非文学的判断标准，从而将文学作品中"凡庸""险激"之作排斥在文学之外。钱锺书认为，这是误将存在判断与价值判断合而为一，乃歧路之歧。

休谟的怀疑主义哲学、叔本华的悲观主义哲学及其他西方哲学思想对钱锺书的人生观及文学创作的影响，从《围城》《纪念》等小说中可略窥端倪。这两部小说中均有休谟、柏格森自我论的烙印。如前所述，休谟认为自我并非整体常住，乃先后相续之无数部分。柏格森则区分了"寄生我""根本我"，并认为，识得根本我，端赖直觉。①《围城》表现男主人公方鸿渐对往事的感伤说："他想现在想到重逢唐晓芙的可能性，木然无动于中，真见了面，准也如此。缘故是一年前爱她的自己早死了，爱她、怕苏文纨、给鲍小姐诱惑这许多自己，一个个全死了。有几个死掉的自己埋葬在记忆里，立碑志墓，偶一凭吊，像对唐晓芙的一番情感，有几个自己，仿佛是路毙的，不去收拾，让它们烂掉化掉，给鸟兽吃掉——

---

① 钱锺书《谈艺录》，第279页。

不过始终消灭不了，譬如向爱尔兰人买文凭的自己。"①《纪念》中表现女主人公曼倩在与她有私情的天健死后回想两人的隐秘时说："她还不由自主地寒栗，似乎身体上沾染着一部分死亡，又似乎一部分身体给天健带走了，一同死去。亏得这部分身体跟自己隔离得远了，像蜕下的皮、剪下的头发和指甲，不关痛痒。"② 这两段心理描写都写出了自我的迁异与不确定性，也写出了"寄生我"的方生方死，极具深意。休谟、柏格森的影响如盐溶于水，不着痕迹。

《围城》出版后，钱锺书还想写一篇长篇小说，名为《百合心》。关于这部未完成的小说，钱锺书在《围城》的《重印前记》中介绍说："我写完《围城》，就对它不很满意。出版了我现在更不满意的一本文学批评以后，我抽空又写长篇小说，命名《百合心》，也脱胎于法文成语（le coeurd, artichaut），中心人物是一个女角，大约已写成了两万字。一九四九年夏天，全家从上海迁居北京，手忙脚乱中，我把一叠看来像乱纸的草稿扔到不知哪里去了。兴致大扫，一直没有再鼓起来，倒也从此省心省事。"③

关于"百合心"的寓意，美国学者汤晏认为："人的心像百合花鳞茎一样，一瓣一瓣剥掉，到后来一无所有。也是

---

① 钱锺书《围城》，第319—320页。
② 钱锺书《纪念》，钱锺书《人·兽·鬼 写在人生边上》，福州：海峡文艺出版社，1991，第124—125页。
③ 钱锺书《围城·重印前记》，钱锺书《围城》，第1页。

悲观人生的象征性。我想当更属于刺猬型有大理论架构并兼具狐狸型的小说。"[1] 钱锺书本人未直接说明"百合心"之喻，但从他介绍的易卜生、罗兰·巴特的"剥葱"之喻中，可遥想其深意。易卜生剧作《培尔·金特》（*Peer Gynt*）主角号"自我之帝皇"，其"欲觅处世应物之'自我'"，却"犹剥玉葱求其核心然，层层揭净，至竟无可得"[2]；罗兰·巴特则称，"所谓'本文'，原是'本无'，犹玉葱层层剥揭，内蕴核心，了不可觅"[3]。由此揣测，《百合心》比《围城》表现叔本华"生活之欲"与"生活之苦痛"相始终的悲观主义哲学及休谟、柏格森的自我论更进一步，欲诠释"一切有为法，如梦幻泡影"之佛旨。

---

[1] 汤晏《一代才子钱锺书》，上海：上海人民出版社，2005，第253页。
[2] 钱锺书《谈艺录》，第600页。
[3] 钱锺书《谈艺录》，第600—601页。

七、"精神决定时代"

美国社会学家丹尼尔·贝尔（Daniel Bell）在其《意识形态的终结》（*The End of Ideology*，1960）一书中介绍说，在当今西方世界，除了马克思主义之外，最有影响的社会理论可算"大众社会"理论。贝尔认为，"大众社会"理论的产生与一批带有贵族倾向和天主教背景的批评家有着密切关系。在这批贵族批评家中，除了保罗·蒂利希、雅斯贝尔斯、汉娜·阿伦特等中国学界所熟知的哲学家、政治学家之外，还有西班牙哲学家、社会学家、作家若泽·奥尔特加－加塞特（José Ortega y Gasset，1883—1955）。贝尔指出，对加塞特之辈而言，19世纪工业革命的高速发展所造成的大众群体的崛起，改变甚至摧毁了自古以来形成的传统观念和信仰，造成了"优越的衰败"。^① 曾师从新康德派的加塞特因而主张遏制对民主的滥用、实现个人自由与自我约束的平衡。这种带有柏拉图气味的观念与白璧德的新人文主义堪称同调。

加塞特的代表作是《大众的反叛》(*La rebelión de las masas*; *The Revolt of the Masses*),首版于1930年,堪与勒庞的《乌合之众》比肩。1932年3月16日,钱锺书在《大公报》哲学专刊"世界思潮"发表了《旁观者》一文,对加塞特《现代主调》的1931年伦敦英译本予以评介。^② 汪荣祖认为,"钱锺书应该是第一个介绍这位西班牙哲人的中国学者"^③。

在这篇书评中,钱锺书讽刺当时的英美学者,尤其是"弄文学的人",热衷讨论现代"时代精神"(Zeitgeist),类似中国的"人文主义者"(按,当指梁实秋及梅光迪、胡先骕、吴宓等学衡派文人,他们均受白璧德新人文主义影响)。^④ 钱锺书指出,包括克勒支(Krutch)那本雅俗共赏的《现代脾胃》(*Modern Temper*)在内的众多探讨现代精神的著作,均认为现代人"不讲理性,不抱理想",而且将现代描述为有史以来"最奇特、最好或最坏、最吃紧(critical)的时代"。钱锺书对此显然不能苟同,所以他戏称,克勒支等西方学者

---

① 丹尼尔·贝尔《意识形态的终结》(张国清译),南京:江苏人民出版社,2001,第3—25页。
② 钱锺书在书评中将"现代主调"(*The Modern Theme*)这个书名译为"现代论衡",将加塞特(Gasset)译为加赛德。
③ 汪荣祖《槐聚心史》,北京:中华书局,2020,第192页。
④ 钱锺书《旁观者》,《钱锺书散文》,第135页。

所说的现代人"恐怕不是指的你和我"。① 钱锺书随后指出，这类书在方法上有一个共同的弱点，即欠缺"史观"。他认为，"要谈'时代精神'，不得不讲'史观'（historicism）；讲到史观，就不容忽视史迹的演化；讲到演化，那么，形成现代的因子，早潜伏在过去的时代中。现代之所以为现代，有来源，有造因，并不是偶然或忽然的事……照史观看起来，现代不过是收获着前代所撒布下的种子，同时也就是撒布下种子给后代收获，在本身是说不上是非好坏的……讲史观的人对于史迹，只求了解，不能判断。只可接受，不能改革。因为，从演化的立场上讲，每一个存在着的时代都是应当存在。每一个过去的时代都是应当过去，每一个现象的存在就是它的充足理由"。② 显然，钱锺书所谓"史观"，即是历史主义或历史决定论（historicism），其特点是着眼于史迹的演化，客观分析某个时代、某种现象的来源、造因，不作价值判断，认可"存在的就是合理的"。他讽刺说："我个人所看见的许多谈现代'时代精神'的文学批评家，没有一个是有史观的，尤其是那般唾骂现代，而醉心于古希腊罗马的学者——当然，从一个有史观的人看来，他们的'虐今荣古'本身就是现代'时代精神'的一种征象。"③

钱锺书认为，与"虐今荣古"的学者相比，加塞特的优

---

① 钱锺书《旁观者》，《钱锺书散文》，第135—136页。
② 钱锺书《旁观者》，《钱锺书散文》，第135—136页。
③ 钱锺书《旁观者》，《钱锺书散文》，第137页。

点是"懂得史观",他的《现代主调》一书评论现代思想"状态"(physiognomy),指出"现代思想是古代思想的反动,古代思想是理性化的,理性化过度,激成现代思想,变而为生命化",并且以为这种反动是应当的,不过最好能"允执厥中",调和理性与生命,以生命为主,理性为辅,以至于"至善"(summum bonum)。[①]钱锺书不无讽刺地指出,加塞特的这种折衷两元论,在我们中国人听来,也觉得"古色古香得可惊"。[②]事实上,这种折衷论恰恰代表了贝尔所谓"贵族批评家"对于现代思想中崇尚感官经验、直觉判断与生命意志的"非理性"思潮(休谟、叔本华、柏格森等)的忧虑。加塞特在书中以 rational、spiritual、cultural 等词描述古代思想的"理性化",又以 vita、biological 等词描述现代思想的"生命化"[③],可见他所说的理性是教化意义上的,他所说的生命是生理意义上的。因此,理性与生命的对立既是超我与本我的对立,也是理智与情感的对立。他主张调和二者以臻"至善",与新人文主义者批判浪漫主义、提倡以理性节制欲望的思想立场确实堪称同调,也与儒家所谓"发乎情,止乎礼义"(《诗大序》)的观念以及不偏不倚、以和谐适度为目标的中庸之道相吻合,的确有浓郁的复古色彩。从他《革命的日落》一文中声称的"在欧洲,革命是过去的

---

① 钱锺书《旁观者》,《钱锺书散文》,第137页。
② 钱锺书《旁观者》,《钱锺书散文》,第137页。
③ 钱锺书《旁观者》,《钱锺书散文》,第137页。

事了，以后不会再有革命了"，即可知加塞特对激烈的变革方式的恐惧与反感，这也的确是贵族情怀的体现。钱锺书嘲讽说："虽然加赛德（按，即加塞特）先生所谓革命，是含有一种 Pickwickian 的意义，我们听了也只有惊佩，一方面想象世外桃源的西班牙，一方面也羡慕加赛德教授坐井观天的写意。"[①] "Pickwickian 的意义"的英文原文是"Pickwickian sense"，出自狄更斯批判英国工业革命后的社会现状的幽默讽刺小说《匹克威克外传》，小说主人公匹克威克（Pickwick）常常误解或误用名词，尤其是在为了避免冒犯对方的时候。钱锺书借此暗示加塞特误解了"革命"的含义。但无论"革命"一词该作何解释，加塞特的"革命日落"说至少表明了他对激进思潮、大众运动的消极态度。换句话说，加塞特虽然可能不是以往革命的反对者，却明白无误地希望革命不要再发生。钱锺书认为，"不革命"不等于"保守"，"讲史观的人当然不革命，但是他也不反革命，因为他知道革命也是事实，也有它的来源和造因，他得接受"[②]。的确，对加塞特来说，革命是过去的事，过去的事就让它过去，他无法否定它的存在，但现代思想对古代思想的"反动"可以通过彼此调和来解决。说到底，这位有"史观"的历史哲学家是一位具有柏拉图情怀的调和派、改良派。

钱锺书指出，《现代主调》一书中的第一篇《代的观念》

---

① 钱锺书《旁观者》，《钱锺书散文》，第137—138页。
② 钱锺书《旁观者》，《钱锺书散文》，第136页。

（The Concept of the Generation）与第二篇《预知将来》（The Forecasting of the Future），"尤其是研究历史哲学的人不可不读的东西"。加塞特在这两篇文章中阐述了他的唯意识论及史学的预言功能。在他看来，"一个时代中最根本的是它的心理状态（ideology），政治状况和社会状况不过是这种心理状态的表现"[1]。钱锺书对此评论说：

> 这一点我认为不无理由。一般把政治状况和社会状况认为思想或文学的造因的人，尤其要知道这个道理。这样看来，与其把政治制度，社会形式来解释文学和思想，不如把思想和文学来解释实际生活，似乎近情一些。政治、社会、文学、哲学至多不过是平行着的各方面，共同表示出一种心理状态，至于心理状态之所以变易，是依照着它本身的辩证韵节（dialectical rhythm），相反相成，相消相合，政治社会文学哲学跟随这种韵节而改变方式。从前讲"时代精神"，总把时代来决定精神，若照以上所说的观点看来，其实是精神决定时代——spirit taking its time，结果未必不同，重心点是换了位置了。这虽是我的偏见，而与加赛德教授的议论并无牴牾的地方。[2]

---

[1] 钱锺书《旁观者》，《钱锺书散文》，第138—139页。
[2] 钱锺书《旁观者》，《钱锺书散文》，第139页。

七、"精神决定时代"

叔本华认为意志是宇宙的本体，一切事物都是意志的表象，思想也是意志的派生物，其哲学本体论极大拓展了中世纪哲学家邓斯·司各脱的唯意志论（voluntarism）。与之相对照，加塞特将"心理意识"[①]视为时代的本体，并且将政治社会状态视为"心理意识"的表现，其历史哲学因而可称为唯意识论或观念决定论。钱锺书对加塞特的唯意识论史观表示认同，他阐发加塞特的观点指出，政治、社会、文学、哲学相互平行，均为心理意识的表现，心理意识也会变易，但它依照着的是自身的辩证韵节（dialectical rhythm），即相反相成、相消相合的动态演化模式，政治、社会、文学、哲学会跟随这种韵节而改变方式。因此，不是时代决定精神，而是精神决定时代。显然，钱锺书的精神决定论史观是对加塞特的唯意识论史观的强化，而且带有黑格尔历史哲学的鲜明烙印。黑格尔将整个世界视为绝对精神历史性展开的整体，其展开过程就是正—反—合的辩证法运动。钱锺书自谦说，他的精神决定论史观只是一个"偏见"。事实上，这不是他原创的"偏见"，而是邓斯·司各脱、黑格尔、叔本华等人的唯心论世界观或历史哲学"偏见"的派生物。

必须指出的是，钱锺书提出精神决定论史观，主要是针对当时的思想史、文学史研究领域所盛行的"社会造因"说，所以他强调指出，"一般把政治状况和社会状况认为思想或

[①] 按，钱锺书将 ideology 译为心理状态，该词的通译为意识形态，此处折中两种译法，将 ideology 译为心理意识。

文学的造因的人",尤其要知道加塞特所说的政治社会状况是心理意识的表现这个道理。在1933年10月刊发于《国风》半月刊的《中国文学小史序论》一文中,钱锺书对文学史家的社会造因说进行了更为深入的批判,也对自己在一年半以前提出的精神决定论史观进行了深化完善:

> 窃谓当因文以知世,不宜因世以求文;因世以求文,鲜有不强别因果者矣!Taine之书,可为例禁。……每见文学史作者,固执社会造因之说,以普通之社会状况解释特殊之文学风格,以某种文学之产生胥由于某时某地;其臆必目论,固置不言,而同时同地,往往有风格绝然不同之文学,使造因止于时地,而则将以解此歧出耶?盖时地而外,必有无量数影响势力,为一人之所独具,而非流辈之所共被焉。故不欲言因果则已,若欲言之,则必详搜博讨,而岂可以时地二字草草了之哉!由前之说,则妄谈因果,乖存疑之诚,是为多事;由后之说,则既言因果,而不求详密完备,又过省事矣。鄙见以为不如以文学之风格、思想之型式,与夫政治制度,社会状态,皆视为某种时代精神之表现,平行四出,异辙同源,彼此之间,初无先因后果之连谊,而相为映射阐发,正可由以窥见此种时代精神之特征;较之社会造因之说,似稍谨慎(略见《世界思潮》第二十九期拙作《旁观者》)。又有进者,时势身世不过能解释何以而

七、"精神决定时代"

有某种作品,至某种作品之何以为佳为劣,则非时势身势之所能解答,作品之发生,与作品之价值,绝然两事;感遇发为文章,才力定其造诣,文章之造作,系乎感遇也,文章之造诣,不系乎感遇也,此所以同一题目之作而美恶时复相径庭也。社会背景充量能与以机会,而不能定价值,文学史家往往笼统立说,一若诗文之佳劣,亦由于身世,则是下蚕室者皆可为司马迁,居马厩者皆可为苏颋,而王世贞《文章九命》之作推之于普天下可也。①

钱锺书的这段论述,要点有四:一是反对文学史研究中的社会环境决定论②,他将这种社会环境决定论称为因为同时同地往往有风格绝然不同的文学,社会环境决定论无法解释这种差异,所以不宜"因世以求文";二是强调在文学史研究中应当慎用因果律,因为对一个人的创作风格产生影响的因素非常多,如果要从因果关系角度探讨风格的形成等问题,必须详搜博讨,不能简单地以时、地二因素作为依据,更不能"强别因果";三是主张政治制度、社会状态并不一

---

① 钱锺书《中国文学小史序论》,《钱锺书散文》,第483—484页。
② 钱锺书将文学史研究中的社会环境决定论称为"臆必目论"。《韩非子·喻老》曰:"臣患智之如目也,能见百步之外,而不能自见其睫。"因此,"目论"就是指没有自知之明。李慈铭《越缦堂读书记》中有"臆必之谈,殆同儿戏"之说。于此可见,"臆必"就是想当然的意思。综上,"臆必目论"就是指想当然的偏狭之见。

定是文学风格、思想型式（模式）的前因，而是异辙同源，相互映射，皆为时代精神之表现，因此，史家得以"因文以知世"；四是指出作品的发生与作品的价值是绝然不同的两件事，社会背景（时势、身世、感遇等）充其量能为作品的产生提供机会，而不能定其价值，能够决定作品造诣的是作者的才力。从钱锺书将丹纳（Taine）之书（即《艺术哲学》）视为"例禁"，及其"不宜因世以求文"的主张可见，他的精神决定论（"因文以知世"）、复杂因果论史观主要是针对儒家的知人论世说与丹纳的种族、环境、时代三要素说。

18世纪中叶，丹纳在《艺术哲学》中以艺术发展的史实为依据，以欧洲文艺复兴时期的意大利绘画、尼德兰绘画和古希腊的雕塑为例，论证了种族、环境、时代三要素对精神文化的制约作用，并认为在三要素中，种族是内部动力，环境是外部压力，时代则是后天动力。由于种族有异，故日耳曼与拉丁民族的艺术有浑朴、精致之别；由于自然环境有异，故意大利绘画多表现理想的优美的人体，而尼德兰绘画则多表现现实的甚至丑陋的人体；由于时代有异，故古希腊人能够创造出简单而静穆的伟大作品，而现代人只能创作出孤独、苦闷、挣扎的艺术。丹纳的三要素说与儒家的知人论世说皆强调时空环境对艺术风格的影响。《孟子·万章下》曰："颂其诗，读其书，不知其人，可乎？是以论其世也。"即是说，不能孤立地分析一首诗，而应该对作者的生平及其所处的时代与社会有所了解。钱锺书认为，文章之造诣定于才

七、"精神决定时代"

力，不系乎感遇，艺术有其自主性，艺术史有其自身的发展脉络，不一定与政治史同步。所以他针对唐诗四期说指出，"诗中之初盛中晚，与政事上之初盛中晚，各不相关"，某位唐代诗人"尽可身生于盛唐之时，而诗则畅初唐之体"，如果"济二者而一之，非愚即诬矣"。① 钱锺书进而提出了关于唐宋诗之分的著名论断："曰唐曰宋，岂仅指时代（chronological epithet）而已哉，亦所以论其格调（critical epithet）耳。"② 在《谈艺录》中，他发展这一观点指出，"唐诗、宋诗，亦非仅朝代之别，乃体格性分之殊，天下有两种人，斯分两种诗"，又主张，"就诗论诗，正当本体裁以划时期，不必尽与朝政国事之治乱盛衰吻合"。③

美国文学批评家、耶鲁学派重要代表人物希利斯·米勒（Hillis Miller）认为，当代中国学者在文学研究时接受历史决定论，过分强调历史语境对文学创作的影响，而忽视文学与社会发展的不同步："中国学者倾向于认为历史语境或多或少完全决定了某一位作家的作品。"他指出，历史决定论不仅忽视了哈罗德·布鲁姆那著名的"影响的焦虑"，也没有意识到一个作家的创作完全有可能超越所处的时代，没有后现代条件的国度的作家完全可能写出具有后现代特征的作

---

① 钱锺书《中国文学小史序论》，《钱锺书散文》，第481页。
② 钱锺书《中国文学小史序论》，《钱锺书散文》，第481页。
③ 钱锺书《谈艺录》，第1—2页。

品，曹雪芹和鲁迅就是这样的作家。①米勒基于其解构主义立场对中国学术现状所作的批评有一定针对性，但显然有失片面。毋庸讳言，历史决定论对当代中国学者的文学研究确实有很大影响，但是，认识到历史决定论局限性的学者也不在少数，钱锺书就是其中代表。他在大学时代就对丹纳的种族、环境、时代三要素说表示怀疑，以至将其《艺术哲学》称为"例禁"，也就是依例应当禁止的学说。他对当时文学历史研究中颇为流行的"社会造因"说所作的批评，可以说是早于米勒近一百年就认识到了历史决定论的局限性，他的"诗中之初盛中晚，与政事上之初盛中晚，各不相关"之说则表明，他早就认识到了文学与社会发展的不同步。

与历史决定论、社会造因论等文学史观形成对照，钱锺书的文学史观以精神决定论与复杂因果论为导向。进而言之，精神决定论与复杂因果论构成了钱锺书历史哲学的内核，不仅是其文学史、思想史研究的思想指南，也是其观察中国历史乃至世界历史发展的视角。从西方哲学对钱锺书史观的形成的影响来看，加塞特的唯意识论历史哲学为其精神决定论提供了理论依据，休谟对因果律的质疑，亦即视因果律为"习惯联想"的产物，使钱锺书在青年时期就摆脱了对历史现象所包含的因果关系的轻信，也摆脱了对简单的因果关系论的轻信，而主张"时地而外，必有无量数影响势力，为一人之

---

① 顾明栋《希利斯·米勒——文学研究的一代大师》，《外国文学》，2021年第4期。

七、"精神决定时代"

所独具,而非流辈之所共被焉。故不欲言因果则已,若欲言之,则必详搜博讨",又主张"历史现象之有因果为一事,历史现象中孰为因孰为果复是一事,前者可以推而信之,后者必得验而识之。……故吾侪可信历史现象之有因果关系,而不能断言其某为因某为果,浑二事而一之,未之思耳!"① 钱锺书的复杂因果论即是一种充分认识到因果关系的复杂性(如因同果异、多因决定一果等)及难以实证,因而反对轻率断言因果关系的历史哲学观。基于复杂因果论,他在文学史叙事中,"虽涉及因革,而不敢求因果"②;也正是基于复杂因果论,他反对"因世以求文",因为"因世以求文"的文学史家或文学批评家,难免"强别因果"之弊③。

对于加塞特自信史学可"预决未来",钱锺书表示怀疑。他认为,史学的难关不在将来而在过去,因为,"过去也时时刻刻在变换","我们不仅把将来理想化了来满足现在的需要,我们也把过去理想化了来满足现在的需要","同一件过去的事实,因为现在的不同,发生了两种意义"。例如在伏尔泰的时候,中世纪是黑暗的代名词,而对批判现代文明的思想家来说,中世纪俨然成了文化史上最严肃清高的时代。④ 法国数学家、科学哲学家彭加勒(Henri Poincaré,

---

① 钱锺书《中国文学小史序论》,《钱锺书散文》,第482页。
② 钱锺书《中国文学小史序论》,《钱锺书散文》,第482—483页。
③ 钱锺书《中国文学小史序论》,《钱锺书散文》,第483页。
④ 钱锺书《旁观者》,《钱锺书散文》,第139页。

· 123 ·

又译庞加莱）将事实分为"野蛮的事实""科学的事实"两类，受此启发，钱锺书认为，历史上的事实可分为"野蛮的事实""史家的事实"两类："一切历史上的事实，拆开了单独看，都是野蛮的。到了史家手里，把这件事实和旁的事实联系起来，于是这件事实，有头有尾，是因是果，便成了史家的事实了。"① 所谓"野蛮的事实"，相当于原始材料，史家将其条理化，推究其因果，就成了"史家的事实"（historians' fact），由于"历史现象比不得自然现象，既不能复演，又不能隔离，要断定彼此间关系的性质，非常困难；往往同一事实，两个史家给它以两种关系，而且都'持之有故，言之成理'"，因此，"史家的事实"并不必然等同于"史的事实"（historical fact）。② 钱锺书的两种史实论与克罗齐的真假历史论颇为相似。克罗齐认为，历史材料或史的事实如不与当代人的精神发生联系，就是死历史、假历史，只有向历史材料或史的事实投射当代人的精神与思想，死历史才能复活，成为真历史，所以他主张"一切真历史都是当代史"。③ 由于真历史是与当代人的精神发生联系的历史，因此，真历史就是"史家的事实"，不再是原始材料或未经剪裁的史实。作为熟谙黑格尔哲学的东西方哲人，钱锺书与克罗齐的史观

---

① 钱锺书《旁观者》，《钱锺书散文》，第140页。
② 钱锺书《旁观者》，《钱锺书散文》，第140页。
③ 曾祥铎《论克罗齐史观——"一切真历史都是当代史"》，《兴大历史学报》第十二期，2001年10月出版。

均带有黑格尔历史哲学的鲜明烙印，但钱锺书并未走向主观主义或后现代主义的史学路径，他反对对历史现象"强别因果"，在文学史研究中只涉"因革"，而不敢求"因果"，既表明了慎言历史规律的严谨态度，也表明了客观还原"史的事实"、不将过去"理想化"的史学立场。

八、一种哲学纲要

柏拉图《会饮篇》借助神话讲述了对哲学的理解：哲学就是爱欲（eros），它的父亲是poros（"有路"可寻的丰裕），母亲是penia（"无路"可走的匮乏），因而它自己处于匮乏和丰裕之间，是个永远在中间奔跑不息的东西。"爱欲"就是奔跑不息的，当它停下来时，也就无所谓爱无所谓欲了。哲学就是这个奔跑不息的爱欲。他"爱欲"着世上本不存在的最美的东西：eidos（理式）。这就是哲学之为"爱—智"（philia-sophia，按，古希腊文里philia意为"爱"，sophia意为"智慧"）的根本原因。终止欲求而得到的只不过是死寂的"智"，而不是"爱—智"，因而它算不上哲学。[①]

在汉语里，"哲"的本义是"知"，通"智"，引申为明智、

[①] 详见拙著《钱锺书与文艺的西潮》第一章第二节第三小节"古希腊哲人式的'爱智'者"，天津：南开大学出版社，2014，第21—24页。

贤明等义。《说文解字》释"哲"曰:"哲,知也。从口,折声。"[1]在金文中,"哲"写作"悊",上部为"折",表音,下部为"心",表义。李学勤指出,古人没有大脑的概念,以心为思维器官,并作为思想、意念、感情的通称,因此,金文的"悊"字具象地表明了"哲"与"智"的关联性。[2]《尚书·皋陶谟》称:"知人则哲,能官人",意为能知人就是有智慧,有智慧的人才可以做统领。因此,"哲人"的本义即是指有知人之明、任人之智等智慧的人。《尚书·伊训》称"敷求哲人,俾辅于尔后嗣",《礼记·檀弓上》记录孔子负手曳杖歌曰"泰山其颓乎?梁木其坏乎?哲人其萎乎",喻示其不久于人世。江淹杂体诗其八《嵇中散康言志》称"柳惠善直道,孙登庶知人",意为柳下惠以直道事人,而孙登能够知人。又称"哲人贵识义,大雅明庇身。庄生悟无为,老氏守其真",于"知人"之外又为哲人添"识义"之责,且视老子、庄子为哲人。《诗经·大雅·下武》称"下武维周,世有哲王",意为周朝世代有贤明智慧的君主。此处所谓"哲王",与柏拉图所谓"哲人王"(philosopher-king),含义基本相当。综上,古汉语中所谓"哲",与古希腊所谓"哲学"(philia-sophia)一样,均与智慧相关;古汉语中所谓"哲人",可以特指孔子、老子、庄子等能"识义"的哲学家,可以指具知人之明、任人之智的君主、辅臣等,也可以泛指

---

[1] 许慎著、汤可敬释《说文解字今释》,长沙:岳麓书社,1997,第188页。
[2] 李学勤《字源》,天津:天津古籍出版社,2012,第81页。

有智慧的人或德智兼备的人。因此，在中国思想史上，"哲学"这个概念虽然是晚出的，是日本人将"philosophy"译成"哲学"并传回中国，但"哲"之学——即智慧之学，包括"知人"之学、"识义"之学等，可谓源远流长，且古代中国的哲人、哲王等概念的内涵，也与西方人的认知大致相当。

时至今日，哲学早已不是显学，更不是古希腊意义上的总学科。很多人会问，为什么会有哲学这门学科？哲学有什么用？哲人是什么？老舍《四世同堂》中的中学英语教师祁瑞宣对国际时势感到困惑，希望求助于英国人富善先生，但马上想道："富善先生也不是什么哲人，也说不上来世界要变成什么样子。"[1]可见，对祁瑞宣而言，哲人应当像西班牙历史哲学家加塞特所说的那样，能够洞察世事变化，并"预决未来"。[2]祁瑞宣的这种看法有一定代表性。如果身边有哲人，人们总是期待他们能够指点迷津。

钱锺书堪称天生的哲人，驱动他问学论道的是一种形而上的爱欲，对知识的爱欲，对智识不断积累的爱欲。如本书第二章所述，他在清华期间虽然读的是外国语文系，却对哲学极为痴迷，并且在西洋哲学史课程上取得特优成绩。哲学研究须由哲学史入门，通过哲学史，可以认识哲人的地位，发现哲学需解决的问题及问题的解决程度。钱锺书在接触、学习西方哲学的过程中，对西方哲学史及哲学纲要性质的新

---

[1] 老舍《四世同堂》第56章，北京：人民文学出版社，2012。
[2] 参见本书第六篇。

八、一种哲学纲要

书颇为重视。1932年6月，英国人班奈特（Edward Stanley Bennett，1888—1930）在伦敦出版了《一种哲学的纲要》（*A Philosophy in outline*）。钱锺书于三个多月后就写出了书评，刊发在当年10月的《新月月刊》。

该文首先以戏谑的语气对《一种哲学的纲要》的主要内容、著作属性、学术水准、写作目的等进行了评说：

> 这是一本十二开，合着"飞叶"算不过一百六十面的小册子。目录上却载着"意识问题"，"实在问题"，"经验问题"，"心理学问题"，"生命问题"，"神的问题"，"美学问题"，"品行问题"，"情爱问题"，"政治问题"，"逻辑问题"和"神怪问题"，差不多把哲学上的问题，应有尽有地都讨论到了，真令人起 multum in parvo 之叹！书名是很值得我们注意的；它并不是普通的"哲学纲要"（an outline of philosophy），而是"一种哲学的纲要"（a philosophy in outline），着重在"一种"两字，顾名思义，自然，我们希望书中有作者自己的创见；可是，说来也奇，书中的议论，都是现在哲学界中很平常，很普通的议论，偶有不流行的见解，譬如论物如之绝对存在（the absolute existence of thing-in-itself），则又是"刍狗已陈"而且讲不通的东西——Bennett先生亦未尝能把它讲通。据作者的自序看来，倒也没有"著书立说"、"成一家言"的意思；并且自谦为英皇

陛下一个老老实实、"天真未凿"的公务人员（a plain unsophisticated civil servant of the crown），因有激于老师某某两先生之言，谓非精熟哲学之历史，不能讲哲学，而平常人 ordinary person 则虽精熟哲学之历史，亦无能为役，故撰此书，以为平常人吐气，此书之目的在乎"To suggest a minimum dose of what I（Mr. Bennett）believe to be in controvertible philosophic truth such as might be suitable for teaching in all schools"，而学生不必再掷光阴于无用（unprofitable expenditure of time）以研究哲学之历史云。换句话讲，这本书是——至少从作者自己看来——一本"袖珍哲学须知"。作者在自序中曾自称为"素人"（amateur），这话倒也并非过谦；因为他对于研究哲学历史——Ferrier 所谓 philosophy taking its time——的态度，和他的意见，以为哲学上的"真理"可以"囊括"（packed together）在一起，以为"速成"之用，都很明白地表示出一个不知"此中甘苦"的人来。[①]

从字源上来看，西方的哲学与中国古代的"哲"之学都是智慧之学。智慧并不必然与激情对立。激情不仅是燃烧，也是照亮。诗性的思，激情的思，往往比刻板的逻辑思维更迅速、更直接地洞见本质。意大利 18 世纪历史哲学家维

---

① 钱锺书《一种哲学的纲要》，《钱锺书散文》，第 75—76 页。

柯就非常推崇诗性智慧。丹麦19世纪神学家、哲学家克尔凯郭尔在其诗化叙事中轻快地呈现了存在主义哲学的核心理念。

　　智慧之学着眼于探究人类生存的根本问题，并试图为人类认识、改造外在世界与自我提供思想指南。纵观中西方哲学史，虽然流派纷呈，主义迭出，但根本问题可以归纳为以下十数个，即：宇宙的本质与本源是什么，人是什么，人应该怎样活着，活着的意义是什么，死后会如何，如何不朽，主宰世界的力量是什么，是否有上帝与神，人如何认识人、社会与自然，什么社会是好社会，如何达成，人如何完善自我，自然应否及如何改造？

　　在与菲利克斯·迦塔利（Félix Guattari）合著的《什么是哲学？》（*Qu'est ce que la philosophie?*）一书中，法国哲学家德勒兹（Gilles Deleuze）对何谓哲学作出了独特的解释，他认为，哲学的使命就是创造概念，因为，哲学思考所赖以展开的概念，"不是给定的，而是被创造出来的，而且必须被创造。它不具备形态，它将自己和盘托出，自我设定（autoposition）"[①]。的确，真正的哲人必须在思辨领域具有开拓性、创造性，能够应时应物提出自己的看法，而不是满足于浮士德式的书斋之学，成为钱锺书所讥讽的"哲学家

---

① 德勒兹、迦塔利《什么是哲学？》（张祖建译），长沙：湖南文艺出版社，2007，第215页。

学家"（philophilosopher）[①]。进而言之，哲学研究包括注释前人与探索未知这两种模式。前者固然有益于知识的传承、思想的演进，但作为一个有志于哲学事业的人，为什么不能像庄子一样，从对自然人生的观察、感悟中，从与同道及对手的激烈辩论中，推进并建构起自己的哲学话语，更好地解释你正在经历的世界、时代与人生？

《一种哲学的纲要》的作者班奈特显然不是真正的哲人，而是一个业余的哲学家学家。钱锺书认为，这部一百六十页的小书以"以小见大"（Multum in Parvo）的气势，"差不多把哲学上的问题，应有尽有地都讨论到了"。这些问题包括意识问题、实在问题、经验问题、心理学问题、生命问题、神的问题、美学问题、品行问题、情爱问题、政治问题、逻辑问题和神怪问题，涵盖面很广，确实基本上网罗了西方哲学史上本体论、知识学、伦理学、宗教哲学、艺术哲学等范畴的所有基础问题，并充分证明了中西方哲人所探究的根本问题虽然名目或有异，但实质指向均是人类对外在世界与自我的认识，及对出路与改善途径的寻找。具体到人神关系问题上，人作为"万物之灵"（《伪古文尚书》）或"宇宙的精华，万物的灵长"（《哈姆雷特》），与动物的最大区别是，人与动物都会死（mortal），但人会追求不朽（immortal）与永恒，所以哲学家们会探讨死后会如何，以及是否有上帝

[①] 钱锺书《围城》，第87页。

与神等问题。

对于"一种哲学的纲要"这一书名,钱锺书指出,它不是普通的"哲学纲要"(an outline of philosophy),而是"一种哲学的纲要"(a philosophy in outline),着重在"一种"两字,因此,书中应该有作者自己的创见,但遗憾的是,书中的议论,都是当时哲学界中"很平常,很普通的议论"。换言之,既然作者班奈特展现出创建"一种哲学"的抱负,而不是满足于拼凑式地编纂"哲学纲要",就应该像真正的哲人那样,建构起自己的哲学体系或哲学话语。但这本"哲学纲要"所呈现的,并非"一种哲学",而是流行哲学。更糟的是,即使书中偶有不流行的见解,却又是"刍狗已陈"而且讲不通的东西。钱锺书举了班奈特的"物如"论作为例证。"物如"的英文是"Thing-in-itself",德文原文为"Ding-an-sich",通译"物自体"。"物自体"是康德哲学中最使人困惑的概念[1],前耶鲁大学哲学系教授乔治·施拉德(George Schrader)指出,"康德对物自体概念的痴迷对他的众多狂热追随者来说是一个彻头彻尾的谜团,即使是他们中最心软的人也倾向于认为这是一种反常行为"[2],他进

---

[1] Richard F. Grabau, Kant's Concept of the Thing in Itself: An Interpretation, *The Review of Metaphysics*, Vol. 16, No. 4, Jun., 1963.

[2] Hendel, C. W. (ed.), *The Philosophy of Kant and our Modern World* (New York, 1957), p. 49. (原文为:"Why Kant should have been so obsessed with it has remained a complete mystery to many of his most ardent disciples, and even the most charitable of them have sometimes been inclined to regard it as a perversity.")

而认为，"物自体学说是康德哲学中的最大障碍"[1]。钱锺书认为康德的物自体理论是"刍狗已陈"而且讲不通的东西，班奈特也未能把它讲通。因此，《一种哲学的纲要》可以说是毫无创见可言，即使在哲学家学家之学中，此书也只能算末流。值得注意的是，钱锺书将"物自体"译为"物如"。物自体的本意是自在之物，是区别于现象的绝对存在，它独立于观察与认识之外，不可知，也不可驾驭。致力于研究德国观念论哲学并试图以西方哲学诠释儒学的日本近代哲学家井上哲次郎在1883年出版的《伦理新说》中，首次将"物自体"译为"物如"。"物如"这一译语是对中国典籍中常见的"自如"一词的化用，钱锺书将"物自体"译为"物如"，心中或有苏辙名句"渌水雨新涨，扁舟意自如"（《同子瞻泛汴泗得渔酒》）浮现。事实上，康德所谓"物自体"，恰如意态自如的不系之舟。

在总体上否定《一种哲学的纲要》的创新价值的前提下，钱锺书对班奈特的"意识"论进行了重点分析：

> 作者给"意识"下个定义道："An activity of the organism in co-ordinating the various impressions received through the organ of sense."并举墨色背景上之白色纸片

---

[1] Hendel, C. W. (ed.), *The Philosophy of Kant and our Modern World* (New York, 1957), p. 49.（原文为："the doctrine of the thing in itself presents the single greatest stumbling-block in the Kantian philosophy."）

为证，这是很普通的说数，即英国分析心理派所讲"unity of consciousness"是也。可是有两个语病：第（一），"the organ of sense"须改为多数，方能与"co-ordinate"相照应；因为第（二），一个"organ of sense"在"a given moment"中，只能有一个"impression"，无所谓"various impressions"。黑板上白纸，只是一个印象，并非如作者所谓一个黑的感觉再加上一个相反的白的感觉。据 Stout 讲，黑板白纸间之关系——即作者所谓 concrete relation——亦须经过一番分析和综合的工夫，才能见到；最初不过浑然一个印象（"buzzing and blooming confusion"）而已，作者所说，未免"阔于事情"了。作者在下文讨论数理关系与感觉关系之不同时，又道："Between the parts of our sense presentation there obtain concrete relations which thrust themselves up on us, refusing to be other than they are. There are not merely a white card and a dark space; The card is for our vision in the space."此言与上文界说，不无自相矛盾；因为既然如此，又何须乎"意识"的"co-ordinating activity"呢？①

班奈特认为，"意识"是有机生物对多种感官印象的协调。钱锺书指出，班奈特的定义有两个语病，一是感官一词

---

① 钱锺书《一种哲学的纲要》，《钱锺书散文》，第 76—77 页。

未使用复数，二是印象一词误用复数。在他看来，黑板上的白纸，只是一个统一的印象，并不是一个黑的感觉再加上一个相反的感觉。他的依据是斯托特的理论。斯托特（George Frederick Stout, 1860—1944）曾任剑桥大学心理学、哲学教授，是"英国分析心理派"代表人物，主张从哲学角度研究心理学，反对洛克、休谟的观念联想论（associationism），1896年出版两卷本《分析心理学》（*Analytic Psychology*），摩尔与罗素都是他的学生。英国分析心理学强调"意识的统一"（unity of consciousness），斯托特在《心理学指南》（*A Manual of Psychology*）一书中引用了福斯特的如下观察心得："如果在长久凝视黑色背景中的白斑之后，将眼睛转向白色背景，一刹那间会看到灰斑。"[①] 钱锺书将黑底白斑之关系表述为黑板白纸之关系，并介绍说，按照斯托特的理论，黑板白纸之关系须经过分析和综合才能见到，最初不过是一个浑然一体的印象。钱锺书因而批评班奈特的"意识"论"阔于事情"。司马迁以"迂远而阔于事情"（《史记·孟子荀卿列传》）评价孟子学说，"阔于事情"就是偏离事实、不切实际的意思。

从钱锺书借助斯托特的理论批评班奈特的观点有悖事实可见，他对斯托特所代表的分析心理学理论是认同的。

---

① George Stout, *A Manual of Psychology*, 3rd edition, London: University Tutorial Press, 1915, p.280.（原文为："If, after looking steadfastly at a white patch on a black ground, the eye be turned to a white ground, a grey patch is seen for some little time."）

八、一种哲学纲要

斯托特的"感觉"论强调对感官印象的分析、综合，与洛克著名的白板说有异。澳大利亚当代社会学家罗伯特·杜申斯基（Robert Duschinsky）介绍说，洛克发展亚里士多德的观点认为，人出生时的心灵"天真未凿如一块白板"（as formless as a blank slate）。[1] 白板的拉丁文是"tabula rasa"，字面义为"scraped tablet"，即刮板，但通常被译为"blank slate"，美国当代认知心理学家斯蒂芬·品克（Steven Pinker）认为，这是对拉丁文原词的"宽泛不周密的翻译"（a loose translation）。[2] 品克还指出，人们通常将白板说归功于洛克，但洛克其实用的是另一个比喻，他在《人类理解论》（*Essay Concerning Human Understanding*）中的著名论断是，人的心灵起初纯净如"白纸"（white paper），没有任何特征和观念，此后所储备的"丰富想象"（the busy and boundless fancy）和"所有理性与知识的材料"（all the materials of reason and knowledge），都源于经验。[3] 洛克的初心空白说针对的是先天观念说，即认为人的头脑天生就有"数学观念、永恒真理与上帝信念"（mathematical ideals,

---

[1] Robert Duschinsky, Tabula Rasa and Human Nature, *Philosophy*, Volume 87, Issue 4, October, 2012.

[2] Steven Pinker, *The blank slate: the modern denial of human nature*, Viking Penguin, Oct.13, 2002.

[3] Steven Pinker, *The blank slate: the modern denial of human nature*, Viking Penguin, Oct.13, 2002.

eternal truths, and a notion of God）的理性主义知识论。[1] 洛克的经验主义既是一种探讨心灵或头脑工作原理的心理学理论，也是一种探讨知识如何获得的知识学理论。正是基于经验主义思想，洛克反对对政治现状的教条化论证，例如将教会权威、君权神授视为不证自明的真理，在他看来，"社会规范应当基于任何人都能获得的知识从零开始推导，且需要得到一致同意"[2]。洛克的观点有其合理处，尤其是其政治哲学理念，但他完全否定人的头脑中存在先天的观念，就在知识学中走向了另一个极端。

关于感觉关系，班奈特认为，"意识对象的各部分之间的关系向我们攒聚呈现，而不是另有所指。它不仅仅是一张白色卡片和一个黑色空间，而是一张卡片在空间之中进入我们的视野"[3]。钱锺书指出，如果班奈特所说成立，那么，意识的协调作用就失去了意义。照逻辑推断，钱锺书的意思是说，既然班奈特认为被观察的物体与其所置身的空间会以

---

[1] Steven Pinker, *The blank slate: the modern denial of human nature*, Viking Penguin, Oct.13, 2002.

[2] Steven Pinker, *The blank slate: the modern denial of human nature*, Viking Penguin, Oct.13, 2002.（原文为："social arrangements should be reasoned out from scratch and agreed upon by mutual consent, based on knowledge that any person could acquire."）

[3] 原文为："Between the parts of our sense presentation there obtain concrete relations which thrust themselves up on us, refusing to be other than they are. There are not merely a white card and a dark space: The card is for our vision in the space."

八、一种哲学纲要

一个浑然的整体向人的意识呈现，也就无须意识的协调。这就涉及意识与"感官对象"（sense presentation）的相互作用问题。如果真如洛克所说，人的意识最初有如一块白板，则感官对象起初必然是自发向意识呈现；但是，当意识在不断的刺激中逐渐生成反应机制之后，它对于感官对象会自然进行先期处理，其中就包括协调作用。因此，一张白色卡片和一个黑色空间并非是孤立地向意识呈现，而其实已经经过了意识的协调作用。但按照英国分析心理学派的观点，当白纸黑板以浑然的整体进入我们的视野之后，必须通过大脑的分析和综合，我们才能看清白纸与黑板的关系。通过对比斯托特与班奈特的观点可以看到，班奈特的"意识"论还停留在洛克的经验主义心理学阶段，尚未掌握分析心理学原理。

除了借助斯托特的理论对班奈特的"意识"论加以反思之外，钱锺书还对班奈特的"神力"论进行了点评。他认为，"一般哲学家讲到宇宙间之有秩序，辄归之于'神'力"，而班奈特对于"时间之秩序""空间之秩序""生命之规律"（law of ontogeny，按，ontogeny 的本义是个体发生学，因此，law of ontogeny 是指生命产生的法则），亦不能解释，因而也归之于"神"。[1] 钱锺书所谓一般哲学家将宇宙秩序的形成归于神力，应是从西方哲学史着眼，因为孔子主张不语怪力乱神，告诫弟子："未能事人，焉能事鬼？""未知生，

---

[1] 钱锺书《一种哲学的纲要》，《钱锺书散文》，第78页。

焉知死？"（《论语·先进》）提倡顺从宇宙自然所示的天理（《论语·阳货》："四时行焉，百物生焉。天何言哉！"），做人做事，追求现世的幸福。这样的思想与老庄道法自然、与天地精神相往来的观念互补共生，构成了中国古代哲学的主体精神。因此，如从中国哲学史着眼，神力说并非主流。但在西方哲学史上，"神的问题"或"神怪问题"确实具有根基性意义。如欧陆理性主义的代表人物笛卡尔、莱布尼茨均认为世界的秩序体现了神性圆满。莱布尼茨论证说，"最普遍也最富有意义的上帝的概念被充分地表达在这样一句话中：上帝是绝对圆满的存在"[1]，而上帝的圆满性首先在于"（他）已经做了最好的事情"[2]，因此，"上帝无论以何种方式创造的世界，总是被规范了的并在一定的秩序中"[3]。对于莱布尼茨这种宇宙秩序完美无缺、一切都是最好安排的信念，启蒙思想家伏尔泰在其小说《老实人》中进行了辛辣嘲讽。但是，莱布尼茨式的神性圆满说、宇宙秩序形成说在西方哲学史上源远流长，迄今仍有影响，近现代科学家如牛顿、爱因斯坦等人也都在寻找宇宙的第一推动力或宇宙秩序的形成来源时将视线投向了上帝。钱锺书认为，班奈特所谓"神"，只有"认知功能"（cognitive function），而绝无

---

[1] *Leibniz Selections*, Vol.3, New York: Scribner, 1951, p.290.
[2] *Leibniz Selections*, Vol.3, New York: Scribner, 1951, p.295.
[3] Leibniz, Discourse on Metaphysics, Correspondence with Arnauld, and Monadology, *The Open Coust*, 1981, p.297.

情感上的功能，所以班奈特讲美学，讲伦理学，甚而至于讲逻辑，都从心理出发，属于"绝端的'psychologismus'"，亦即"绝对的心理主义"，而于神的存在及神的人性，皆不肯下断语。[①] 洛克在《人类理解论》中主张，各种问题可以通过对心灵或头脑的工作原理的心理学研究得以完全解决。这就是认识论上的心理主义。班奈特的哲学立场显然更偏向经验主义，他的《一种哲学的纲要》虽然如钱锺书所言，并未建构起一种自己的哲学，但他既然探讨美学、伦理学、逻辑问题都从心理出发，正与洛克的认识论心理主义立场相契合，那么，这部《一种哲学的纲要》也确实代表了"一种哲学"，即经验主义哲学。

[①] 钱锺书《一种哲学的纲要》，《钱锺书散文》，第78页。

九、"自传就是别传"

自清末至五四时期，引进西学以推动中国社会现代转型，逐渐成为知识界的主潮。林译小说、严复所译《天演论》等西方学术著述，均产生了深远影响。康有为在《琴南先生写万木草堂图题诗见赠赋谢》（《庸言》，第1卷第7号，1913）一诗中，以"译才并世数严林，百部虞初救世心"盛赞二人的贡献。梁启超则认为，严复是清末输入西学的第一人，代表了本国留学生介绍新思想的开端。他自嘲说，清末西方新思想的输入，起初是囫囵吞枣、漫无章法，这种性质的译介工作可称为"梁启超式"的输入，而第一位精通外文、能避免早期缺陷的译介者，就是严复。[1]1914年2月，黄远庸接手主编梁启超创办的《庸言》杂志，他在发刊词性质的《本报之新生命》一文中称："窃谓今日中国，乃文艺复兴时期，

---

[1] 梁启超《清代学术概论》，上海：上海古籍出版社，2005，第82页。

拓大汉之天声，振人群之和气。"[1]他认为，欧洲文艺复兴为西方社会"振聩发迷，涤瑕荡秽"，并造成"封建废，自由市兴，天文学、解析几何、微分、积分，种种学问之发见，印刷术、磁石、显微镜，等物质上之进步"等新气象[2]。因此，他热切地呼唤中国的文艺复兴，热烈地呼吁学习希腊精神以改革中国社会，反思旧道德、旧习惯。对于包括"中体西用"在内的一切拒斥优秀外来文化的保守派主张，他批评道：

> 盖吾人须知新旧异同，其要点本不在枪炮工艺以及政法制度等等，若是者犹滴滴之水，青青之叶，非其本源所在。本源所在，在其思想。夫思想者，乃凡百事物所从出之原也。宗教哲学等等者，蒸为社会意力，于是而社会之组织作用生焉，于是而国家之组织作用生焉。[3]

诚如黄远庸所言，技术与制度犹如滴滴之水、青青之叶，并非本源所在，唯有宗教、哲学等人文思想才是一国兴盛之本源。纵观清末以来西方哲学引入中国的历程，确实经历了一个从"梁启超式"的输入到不断专业化的过程。蔡元培在1923年发表的《五十年来之中国哲学》一文中，回顾了19

---

[1] 黄远庸《本报之新生命》，上海：商务印书馆，《远生遗著》上册，卷一，1984，第106页。
[2] 黄远庸《新旧思想之冲突》，《远生遗著》上册，卷一，第159页。
[3] 黄远庸《新旧思想之冲突》，《远生遗著》上册，卷一，第155页。

世纪中后叶以来中国的哲学研究概况，他认为，自晚清至20世纪20年代，中国学者的哲学研究主要包括西洋哲学的介绍与中国古代哲学的整理这两个方面，而在西洋哲学的介绍方面，"要推侯官严复为第一"。[①]蔡元培对中国近现代哲学史的判断表明，西方哲学的东渐实为中国哲学发展的重要推动力。时至20世纪30年代，对西方哲学的介绍依然是时代热潮。如《大公报》在1931年、1932年，先后创办"现代思潮"与"世界思潮"两个哲学专刊，通过这两个哲学专刊，《大公报》于1931年至1934年广泛引介西方哲学流派及思想，传播哲学新知。[②]当时正在研读西方哲学史的钱锺书在《大公报》"世界思潮"专刊发表了介绍休谟"感象"论等思想的《休谟的哲学》《大卫休谟》，介绍西班牙加塞特历史哲学的《旁观者》，评论摩尔、布拉德莱、罗素、詹姆斯、桑塔亚那等五位英美现代哲学家"文笔"的《作者五人》，以及评介英国通俗哲学家约德的《约德的自传》。

在20世纪上半叶的英国，约德（Cyril Edwin Mitchinson Joad，1891—1953）曾红极一时，其声名之显赫，不逊于萧伯纳和罗素。他因为在"二战"期间参与BBC广播电台的智囊团节目（The Brains Trust）而广为人知，他在节目中回

---

① 蔡元培《五十年来之中国哲学》，《蔡元培全集》第4卷，北京：中华书局，1984，第351页。
② 孙寿涛《〈大公报〉哲学专刊对哲学新知的引介》，《学术交流》，2015年12期。

应各种问题时的亚里士多德式开场白"这取决于你的意思是什么……"①，成了当时的流行语。在他之后出现的哲学普及读物作者麦基（Bryan Magee）承认，约德首次做到了以商业化和非学究化的方式对大多数人解说、澄清各种概念。②

20世纪的英国哲学致力于"厘清概念"（clarifying concepts），约德虽然无法与艾耶尔、波普尔、罗素、摩尔等塑造了20世纪英国哲学的学院派哲学家相比，但作为通俗哲学家，他在概念的明晰化解释及哲学思想的普及方面也有一定贡献。然而，《泰晤士报》在他的讣告中却称他为"好辩者"（controversialist），甚至"演员"（entertainer），而不是哲学家，原因是，约德对哲学没有"原创性的贡献"（original contribution）。③ 相较而言，《伦敦标准晚报》的评价就要慷慨一些，该报认为，约德使得国民的思想从懒散中复苏。约德小传的作者汤姆斯（Geoffrey Thomas）认为，约德作为哲学家的信条是，"哲学不应该局限于学术专业性，而应该是日常生活中的一种力量"。④ 英国当代约德研究专家西门兹在2015年发表的《约德：哲学财富还是三流的苏

---

① 原文为："It all depends what you mean by ...."
② Richard Symonds, C. E. M. Joad: Philosophical Treasure – or Third-Class Socrates?, *The Philosopher*, Volume CIII, No. 1, 2015.
③ Richard Symonds, C. E. M. Joad: Philosophical Treasure – or Third-Class Socrates?.
④ Richard Symonds, C. E. M. Joad: Philosophical Treasure – or Third-Class Socrates?.（原文为："philosophy should not be a mere academic speciality, but a power in everyday life."）

格拉底?》一文中指出，在约德逝世六十年后的今天，应给予他公正的历史定位，他是BBC广播电台智囊团中的教授，他向数百万人"普及哲学"（popularised philosophy），他鼓励人们更清晰地思考，并在"二战"的最黑暗时期激励公众的士气。[1]

钱锺书《约德的自传》一文在勾画了彼时的约德"捋着马克思式的大胡子"、衔着"一斗淡巴菰"慨叹中年已至的形象后，对思想家自传的写法，以及诸多西方思想家、哲学家的自传作了诙谐俏皮的评点：

> 记得诺法利斯（Novalis），讲过这样的一句话："每一个人的传应当是一部 Bible。"喜欢做警句的人，约德先生即其一也。大可套着调来一句："每一个思想家的自传应当是一部 Phänomenologie des Geistes。"这种自传最为难写。我们须要捉住心的变动不居，看它在追求，在创化，在生息，然后我们把这个心的"天路历程"委曲详尽地传达出来；在文笔一方面，不能太抽象，在实质一方面，不宜与我们的专著相犯，因为自传的要点在于描写，不在于解释，侧重在思想的微茫的来源（psychological cause），不在思想的正确理由（logical ground）。英国思想家的自传能做到这种地步

---

[1] Richard Symonds, C. E. M. Joad: Philosophical Treasure – or Third-Class Socrates?.

九、"自传就是别传"

的，简直没有。只有牛曼（Newman）主教的 *Apologia* 还够得上。穆勒和斯宾塞尔的自传太把一切行动和思想"合理化"（rationalise）了，迂远而不近人情。譬如斯宾塞尔说他所以不结婚是因为没有符合他的头骨原理（phrenological hypothesis）的女人——真可惜！否则，我常想，George Eliot 跟他倒是天生的一对，正好比 Barbellion 在《最后的日记》里面想跟尼米和 Emily Brontë 作伐。还有许多哲学家，做起自传来，索性不记思想生活而专记实际生活，休谟便是一个好例；去世不久的海登爵士（Lord Haldane）的《自传》也仅叙述着他的政治生涯；鼎鼎大名的《哲学故事》的作者杜兰先生在三年前也出了一本自传，书名是《过渡》（*Transition*），里面也只纪着他怎样从无政府党一变而为土豪的食客，他怎样失掉永生的天主教的上帝而找到十五岁的犹太血统的姑娘。[①]

钱锺书所谓诺法利斯，又译诺凡利斯，通译诺瓦利斯，乃德国 18 世纪诗人、哲学家，为"德国早期浪漫派"（early German romanticism）代表人物，著有思想札记《碎片与研究》（*Fragmente und Studien*）。钱锺书将《碎片与研究》译为《碎金集》，并屡屡在著述中引用此书中的观点，如在《论

[①] 钱锺书《约德的自传》，《钱锺书散文》，第 125—126 页。按，为阅读连贯，引文中的旁注有所删减。

快乐》一文中称:"工愁善病的诺法利斯(Novalis)在《碎金集》里建立一种病的哲学,说病是'教人学会休息的女教师'。"[1] 关于传记的性质、功能,诺瓦利斯认为,每一个人的传记都应该是一部《圣经》(Bible)。钱锺书引申这种观点指出,每一个思想家的自传都应当是一部《精神现象学》(Phänomenologie des Geistes)。他进而认为,"精神现象学式"的思想自传应当写出哲学家内心的追求、创化、生息,也即是哲学家内心的"天路历程",它与哲学专著不同,应当着重描写思想的微茫来源,而不是着重说明思想的正确理由。综观英国思想家的自传,钱锺书认为,仅纽曼主教的《自辩书》达到了"精神现象学式"的思想自传的标准,穆勒、斯宾塞、休谟等著名哲学家的自传或致力于"合理化"一切行动和思想,或专记实际生活而不记思想生活,均不是心灵史意义上的合格的思想自传。穆勒,又译密尔,乃英国19世纪古典自由主义思想家,支持边沁的功利主义,崇尚自然权利与性别平等,反对无限政府。代表作有《论自由》(On Liberty)、《女性之卑屈》(The Subjection of Women)、《功利主义》(Utilitarianism)等,影响广泛而深远。穆勒在1873年出版的《自传》(Autobiography)中描述了他童年所受的压力,青年时的精神创伤,摆脱父亲的严格管教,理解情感世界的努力,以及思想信念的发展。全书以令人动容的

---

[1] 钱锺书《论快乐》,《钱锺书散文》,第21页。

笔法描述了穆勒不平凡的一生，展示了他的至诚与对真理的不懈追求。[①]1987年，商务印书馆出版了《自传》的中译本。钱锺书认为这部自传与英国近代哲学家、有"社会达尔文主义之父"之称的斯宾塞（Herbert Spencer）在1904年出版的二卷本的《自传》（An Autobiography），均"迂远而不近人情"，例如，斯宾塞说他之所以不结婚，是因为没有符合他的头骨原理的女人。斯宾塞的这一择偶标准，自然是理胜于情，跌入了"合理化"的坚壳与形式理性化的陷阱。但综观穆勒、斯宾塞的自传，尤其是前者的自传，却不乏感性化的描述，也表现出了尝试理解情感世界的心路，因此，钱锺书的"不近人情"之评，似稍嫌片面。

关于休谟的传记，前文已介绍了格莱格所著《大卫·休谟传》（见本书第六篇），这部传记比赫胥黎所著《休谟传》远为翔实，但全书总共436页，却有四百余页专记休谟的行事，如描写休谟在苏格兰教堂中做礼拜的情形，休谟与巴黎贵妇演戏时的窘状，休谟与卢梭伦敦看戏的盛况等，"其有趣味正不亚于小说"。[②]虽然钱锺书称赞格莱格的《休谟传》对解释休谟的人格作出了"极重大的贡献"，且在写法上"不卖弄才情"，不像《雪莱传》（Ariel）作者莫洛亚（Maurois）、"新传记派"代表人物路德维希（Ludwig）这一类传记作者

---

① 迻译自企鹅兰登书屋官网：https://www.penguinrandomhouse.com/books/261078/autobiography-by-john-stuart-mill/.
② 钱锺书《大卫休谟》，《钱锺书散文》，第132页。

的风格，但按照诺瓦利斯的标准，即传记应写成一个人的《圣经》，及钱锺书本人对思想自传的要求（可延伸至非自传性的思想传记），即着重描写思想的微茫来源，则格莱格的《大卫·休谟传》并未达标。钱锺书介绍说，休谟所写的自传是"不记思想生活而专记实际生活"这一类思想家传记的"好例"。休谟把自己的特征分为十六项，钱锺书在《大卫休谟》一文中摘译了七项："（一）好人而以做坏事为目的；（三）非常用功，但是无补于人而亦无益于己；（八）非常'怕难为情'，颇谦虚，而绝不卑逊；（十一）虽离群索居而善于应酬；（十三）有热诚而不信宗教，讲哲学而不求真理；（十四）虽讲道德，然不信理智而信本能；（十五）好与女子调情，而决不使未嫁的姑娘的母亲发急，或已嫁的姑娘的丈夫拈酸。"[①] 显而易见，以上第十三、十四项与休谟的怀疑主义、经验主义哲学立场有着微妙的联系。休谟主张从感官经验出发认识世界，反对理性主义者的先验范畴，因此怀疑上帝的存在，怀疑因果律的客观性，怀疑事实判断的纯粹性，甚至怀疑自我的确定性，但照他自己的说法，他虽然不信宗教，也对通过哲学把握真理缺乏信心，但也不是怀疑一切，作为经验主义者，他相信道德的基础是本能而非理智。换言之，从休谟"专记实际生活"的自述中，多少还是能够看到他思想的微茫来源。

---

① 钱锺书《大卫休谟》，《钱锺书散文》，第133页。

九、"自传就是别传"

对于约德的自传《在第五肋骨之下，一本挑衅的自传》（*Under the Fifth Rib, a Belligerent Autobiography*），钱锺书介绍说："约德先生的自传是很别致的，既没有讲到思想生活，也没有讲到实际生活，只是许多零零碎碎的意见，关于食，关于色，关于战争，关于政治，关于一切。"[1] 这就表明，思想家或哲学家的传记至少有三种模式：一是阐明思想来源的、真正意义上的思想传记，二是不记思想生活、专记实际生活的，三是发表对人生与社会意见的自述状。约德的挑衅形式自传即属第三种，钱锺书着重评述了约德的思想渊源及其自传的思想主旨：

> 生平思想与文笔均深受萧伯纳的影响（书中屡见），所以他列萧伯纳为最伟大的今人之一。约德先生的 Pantheon 简直是莫名其妙；古人只有 Bach, Mozart, 柏拉图，释迦，耶稣，今人除了萧伯纳还有威尔斯，爱因斯坦和罗素。约德先生选择这九个人，并非出于"偏见"，他有他的大道理，非读过《物质、生命与价值》的人，想来不能了解这个道理（这个道理记得萧伯纳也曾说过），因为大人物在约德先生的哲学系统上是有位置的。不过，我认为叔本华、柏格森和鲁易·摩根（Lloyd Morgan）应当加入这九巨头之内：约德先生的哲学系统，

---
[1] 钱锺书《约德的自传》，《钱锺书散文》，第126页。

是拆补的，截搭的；对于物质与生命的见解完全本之于叔本华与柏格森，对于价值的见解完全本之于早年的罗素，而借摩根的"层化论"为贯串，割裂之迹显然，试看他在《现代不列颠哲学》中的《自述，生命的意义》那本小册子和《物质、生命与价值》那本大书。①

……因为全书都是发议论……大指是反对现代人之不讲"道理"（the cult of unreason）。这种不讲"道理"的现象，处处看得出来，譬如在文学里面就有Lawrence，Virginia Woolf等的小说（约德先生是很崇拜Woolf的），在科学里面就发生机械化（robotization）（约德先生因此大骂美国）。造成这个现象者有三个因子：心解学、行为学和马克思主义。②

如前所述，在20世纪上半叶的英国，约德的影响力之大，不逊于萧伯纳和罗素。而据钱锺书的观察，约德的思想与文笔均深受萧伯纳影响。约德本人则认为，萧伯纳是最伟大的现代人之一，并将他列入仅有九人的"名人堂"（pantheon）。这个代表着约德的知识谱系以至他对人类文明价值认知的名人堂，包括巴洛克时期德国作曲家、演奏家巴赫（Bach），古典主义时期奥地利作曲家莫扎特（Mozart），作为东西方

---

① 钱锺书《约德的自传》，《钱锺书散文》，第126—127页。按，为阅读连贯，引文中的旁注有所删减。
② 钱锺书《约德的自传》，《钱锺书散文》，第128页。

精神文化轴心的柏拉图、释迦、耶稣，现代人中，除了萧伯纳，还有萧伯纳的密友、有"科幻界莎士比亚"之誉的威尔斯（Herbert George Wells），以及爱因斯坦、罗素。萧伯纳是著名的爱尔兰剧作家、政治活动家，与威尔斯皆为费边社（Fabian Society）代表人物，一生写过60多部戏剧，以融合当代讽刺与历史寓言著称。代表作有《人与超人》（*Man and Superman*）、《皮格马利翁》（*Pygmalion*）、《圣女贞德》（*Saint Joan*）等。1925年"因其作品具有理想主义与人道精神，融合了趣味盎然的讽刺与异常的诗性美"[1]而获得诺贝尔文学奖。1933年初，77岁高龄的萧伯纳偕夫人乘坐"不列颠皇后号"漫游世界，中国民权保障同盟会获悉后邀请他到上海作短暂访问。萧伯纳在上海仅逗留了八个半小时，却催生了鲁迅作序、瞿秋白编校的《萧伯纳在上海》一书。萧伯纳作为幽默讽刺大师，深受心性黠慧的钱锺书关注。在《围城》中，叙事者描述向方鸿渐贩卖克莱登大学学位证书的爱尔兰骗子时说："相传爱尔兰人不动产（Irish fortune）是奶和屁股；这位是个萧伯纳式的既高且瘦的男人，那两项财产的分量又得打折扣。"[2]可见钱锺书对萧伯纳印象之深。到了20世纪80年代，钱锺书与一位到访的记者谈起诺贝尔文

---

[1] 迻译自诺贝尔文学奖官网：https://www.nobelprize.org/prizes/literature/1925/shaw/facts/.（原文为："for his work which is marked by both idealism and humanity, its stimulating satire often being infused with a singular poetic beauty."）
[2] 钱锺书《围城》，北京：人民文学出版社，1997，第10页。

学奖，他当场指出，萧伯纳认为"诺贝尔设立奖金比他发明炸药对人类的危害更大"，并补充说，"当然，萧伯纳自己后来也领取这个奖的。其实咱们对这个奖，不必过于重视"[①]。事实上，萧伯纳的确是延后一年才领取了诺贝尔文学奖。在萧伯纳的名作《人与超人》中，化身唐璜的男主角与化身为魔鬼的"土匪头子"在地狱中进行了一场关于"人与超人""随波逐流还是掌控人生"的辩论。这场梦境被安排在《人与超人》的第三幕，取名《地狱中的唐璜》（Don Juan in Hell）。钱锺书在20世纪30年代刊发于昆明《中央日报》副刊的《魔鬼夜访钱锺书先生》一文中，虚构了一场他与魔鬼之间的对话。该文的构思显然受到了《地狱中的唐璜》这一幕的影响。文中的魔鬼就"自传的意义"发议论道："不料你的识见竟平庸得可以做社论。现在是新传记文学的时代。为别人做传记也是自我表现的一种；不妨加入自己的主见，借别人为题目来发挥自己。反过来说，作自传的人往往并无自己可传，就逞心如意地描摹出自己老婆、儿子都认不得的形象，或者东拉西扯地记载交游，传述别人的轶事。所以，你要知道一个人的自己，你得看他为别人做的传；你要知道别人，你倒该看他为自己做的传。自传就是别传。"[②]所谓"新传记文学"，就是前文提及的莫洛亚、路德维希这一类人撰写的"卖弄才

---

① 林湄《一代学者钱锺书》，《不一样的记忆》，北京：当代世界出版社，1999，第195页。
② 钱锺书《魔鬼夜访钱锺书先生》，《钱锺书散文》，第7页。

情"的传记,其中路德维希是"新传记派"的代表人物。照"自传就是别传、他传才是自传"的观点,我们可以通过《雪莱传》了解作者莫洛亚,通过休谟的自传了解卢梭,也可以通过《约德的自传》了解萧伯纳。换言之,从一个思想家、哲学家对他人生平思想而非本人生平思想的描述、评价中,才能看到他的"真我"。此说深刻揭示了人类的内在心理机理,一方面,我们只有通过他者才能看清自我,另一方面,我们在自我评价时,难免有自我辩护、自我掩饰的成分。从这个意义上说,理想的思想自传是对哲学家自我认知的严峻挑战。

关于《约德的自传》一书的主旨,钱锺书指出,该书主要反思"现代人之不讲'道理'"（the cult of unreason）。这种"不讲道理"在文学领域以劳伦斯、伍尔芙为代表,在科学领域以"机械化"（robotization）为标志。所谓"不讲道理",从约德的本义来看,实即指"非理性崇拜"。19世纪末以来,基于对现代文明合理化进程的反思,加上"一战"对西方人人文价值观的瓦解,以及精神分析学的出现等因素,非理性主义思潮成为在知识界、文化艺术界极有影响力的一种思潮。表现人物的错觉、幻觉、无意识以及人生无目的、无意义的意识流文学,以及挑战正统伦常秩序、深入揭示人物的非理性心理及"不正常"生理取向的非道德主义文学,即是非理性主义思潮在文学领域的显著体现。被约德视为文学领域"非理性崇拜"标志性人物的伍尔芙、劳伦斯,分别是意识流文学与非道德主义文学的代表。伍尔芙以《现代小说》一文宣告了非理性文学与传统线性思维及合理化叙事逻辑的决裂，其《墙上的斑点》《到灯塔去》等小说践行了其"现代小说"的理念。劳伦斯的小说名作包括《儿子与情人》《虹》《恋爱中的女人》和《查泰莱夫人的情人》。其中《虹》包含女同性恋情节，带有自传性质的《儿子与情人》表现"恋母情结"，《查泰莱夫人的情人》对贵妇人与其工人身份的情人的性爱有露骨描写，英国法院以"猥亵罪"为名立案审查。约德认为，造成西方"非理性崇拜"的主因是心解学（即精神分析学）、行为学和马克思主义的影响。这种观点显然不得要领。诚然，精神分析学的确对西方非理性文学产生了深刻影响，但精神分析学只是非理性精神现象的揭示者，并不是非理性精神现象的制造者。至于将马克思主义及探讨有机体认知与行为模式的行为学（behaivoral science）视为"非理性崇拜"的造因，则显然是思想上的偏见。钱锺书对此讽刺说，"约德先生把他的观点讲得非常娓娓动人"，"我们虽不能相信，也只有佩服"。[①] 前文曾论及贝尔眼中的贵族批评家，他们唾骂现代，而醉心于古希腊罗马，对于现代思想中崇尚直觉判断以至本能反应的"非理性"思潮忧心忡忡。约德批评现代人不讲道理，鄙视美国人工业生产、社会管理的机械化（robotization），带有英国贵族的傲慢与偏见，也可以纳入贵族批评家之列。

---

① 钱锺书《约德的自传》，《钱锺书散文》，第128页。

十、"永恒喜爱时间的果实"

作为万物之灵,人与动物的最根本区别是,虽然万物必死,但人会追求"不朽"(immortality),也就是试图摆脱"时间帝国"(the empire of time)[①]的主宰,在时间中超越时间,求得永生或永恒。全世界的宗教,本质上都是对如何获得不朽这个问题的回答,哲学中的鬼神问题以及与此相关的灵魂不朽、上帝存在、天堂地狱等命题,也都与人类对不朽的追问有关。孔子不讲怪力乱神,宣称"未知生,焉知死",但儒家也追求不朽,《左传》中的"三不朽"论即为代表。据《左传》记载,鲁襄公二十四年(前549)春,鲁国的叔孙豹访晋,晋国的范宣子向他讨教何谓"死而不朽",叔孙豹认为,有"世禄"并非不朽,人"既没"而"其言立",才可称不朽,如鲁国大夫臧文仲。他进而提出了"三不朽"说:"豹闻之,'太

---

① Bertrand Russell, *History of Western Philosophy*, London: Routledge, 1999, p.56.

上有立德，其次有立功，其次有立言'，虽久不废，此之谓不朽。"[1] 曹丕在《典论·论文》中称："盖文章，经国之大业，不朽之盛事。年寿有时而尽，荣乐止乎其身，二者必至之常期，未若文章之无穷。"[2] 这是对《左传》以立言得不朽之说的铺张扬厉。唐人孔颖达在《春秋左传正义》中对立德、立功、立言的实质性内涵作了界定："立德谓创制垂法，博施济众"；"立功谓拯厄除难，功济于时"；"立言谓言得其要，理足可传"。[3] 胡适将儒家的"三不朽"思想称为"三W主义"。"三W"即是指英文中的"Worth""Work""Words"。胡适本人在反思"神不灭"论与"三不朽"论的基础上提出了"社会不朽"论，并视之为"最高宗教"。胡适所谓不朽，不是灵魂不朽，在他看来，人生的意义就在于"为全种万世而生活"，个人的"小我"只有通过认同和奉献社会的"大我"，才能获得其生命永恒的价值。[4]

英国诗人布莱克《地狱格言》中称，"永恒喜爱时间的果实"（Eternity is in love with the productions of time）[5]。

---

[1] 李梦生《左传译注》，上海：上海古籍出版社，2004，第790页。
[2] 曹丕《典论·论文》，郭绍虞主编《中国历代文论选》（第一册），上海：上海古籍出版社，1979，第159页。
[3] 孔颖达《春秋左传正义》，阮元校刻《十三经注疏》，北京：中华书局，1980，第1979页。
[4] 胡适《胡适全集》（第1卷），合肥：安徽教育出版社，2003，第667—668页。
[5] William Blake, *Proverbs of Hell*, From "The Marriage of Heaven and Hell". cf. John Villalobos, William Blake's "Proverbs of Hell" and the Tradition of Wisdom Literature, *Studies in Philology*, Vol.87, No.2 (Spring, 1990), pp.246—259. Published by: University of North Carolina Press.

从深层的语义来看，它是指经得起时间考验的才是永恒的，与叔孙豹将不朽界定为"虽久不废"，含义基本一致。

法国小说家杜拉斯《情人》的开场与布莱克的观点相呼应：

> 我已经老了。有一天，在一处公共场所的大厅里，有一个男人向我走来，他主动介绍自己，他对我说："我认识你，我永远记得你。那时候，你还很年轻，人人都说你美，现在，我是特为来告诉你，对我来说，我觉得现在你比年轻的时候更美，那时你是年轻女人，与你那时的面貌相比，我更爱你现在备受摧残的面容。"①

爱尔兰诗人叶芝的名作《当你老了》（When You Are Old）也与此种心境相似："众人爱你欣悦优雅的片刻，/ 爱你的美，真心或假意，/ 但有一个人，爱你朝圣者的灵魂，/ 爱你衰老面容的忧伤……"②

事实上，对永恒的体验很难用逻辑来衡量。布莱克《天真预言》（Auguries of Innocence）一诗中有几句论永恒的名句广为传诵："从一粒沙中看到世界，从一朵野花中看到天

---

① 杜拉斯《情人》（王道乾译），上海：上海译文出版社，2014，第3页。
② https://www.poetryfoundation.org/poems/43283/when-you-are-old.（原文为："...How many loved your moments of glad grace, / And loved your beauty with love false or true, / But one man loved the pilgrim soul in you, / And loved the sorrows of your changing face..."）

堂，用你的手掌攥住无限，在片刻之中攥住永恒。"①

刹那永恒，也即在时间的瞬息流变中攥住永恒，这是布莱克的生命哲学、时间哲学。而对叶芝来说，"朝圣者的灵魂"就是"衰老面容"后的不变。

这两位诗人的感悟，其实不过是古希腊哲学家巴门尼德的"一"（the one）与赫拉克勒斯的"变"（perpetual flux）之对立时间哲学的变奏，只不过，叶芝在对永恒、上帝与灵魂不朽的信仰中融入了爱。爱是"第五元素"（the fifth element）。这是浪漫主义的极致浪漫。爱超越神性，成为信仰。到徐志摩那里，这种爱的哲学、爱的宗教演变为爱、自由、美三位一体的康桥觉醒。

正如爱情与死亡是文学的永恒主题，快乐、正义乃是西方哲学史、伦理学史的永恒主题。每一代哲人都有自己的快乐论、正义论，《理想国》实即柏拉图的正义论，《尼各马可伦理学》实即亚里士多德的快乐论（或幸福论）。中国的快乐论、正义论也是源远流长，如孔颜乐处之说及义利之辨。人类在现世追求快乐，渴望正义，面对终将到来的死亡，又期待不朽与永生。康德认为，"形而上学在其研究的本来的目的上只有这三个理念：上帝、自由和不朽"，而形而上学需要这些理念，"不是为了自然科学，而是为了从自然那里

---

① https://www.poetryfoundation.org/poems/43650/auguries-of-innocence.（原文为："To see a world in a grain of sand / And a heaven in a wild flower / Hold infinity in the palm of your hand / And eternity in an hour."）

超升出来"。① 综观叔孙豹、曹丕、布莱克、叶芝以及胡适等中西方各类人物的观点，人之不朽有三类，或为灵魂不朽（转生、升天堂等），或为功业不朽，或为种群不朽（含社会不朽）。

钱锺书是一个有着深刻哲学自觉的学人与文人，在钱锺书的著述中，有些作品表面上是怡情之作，实则是哲学之书。如散文集《写在人生边上》即是对人生、人性以至宗教问题的反思。这部散文集中的《魔鬼夜访钱锺书先生》《论快乐》《一个偏见》等数篇，以及短篇小说集《人·兽·鬼》中的《上帝的梦》《灵感》等作品，还有部分中英文札记等，富于思想性、原创性，及卡夫卡所赞美的野性的、咄咄逼人的豹之舞式的生命力，大抵可视为钱锺书的"查拉图斯特拉如是说"。他的《论快乐》谈论了穆勒《功利主义》一书中关于"痛苦的苏格拉底"和"快乐的猪"的比较，认为把快乐分为肉体和精神两种是"最糊涂的分析"，主张一切快乐的享受都属于精神，尽管快乐的原因是肉体上的物质刺激，同时讽刺把忍受变为享受式的快乐是灵魂的自欺。② 如果说此文代表了钱锺书的快乐观，那么，他在1932年发表于《清华周刊》的《鬼话连篇》一文，则是其不朽论的奠基。

《鬼话连篇》一文是对珍妮·白克（Jane Revere Burke；按，钱锺书称之为白克夫人）于1931年出版的《让我们进

---

① 康德著、邓晓芒译《纯粹理性批判》，北京：人民出版社，2004，第285页。
② 钱锺书《论快乐》，《钱锺书散文》，第20—22页。

来：已故威廉·詹姆斯与人世间的通讯》一书的评论。如前所述，威廉·詹姆斯是美国实用主义哲学家，并且是主张意识的适应功能与流动本质的机能主义心理学派（functionalism psychology school）代表人物。[①] 与此同时，詹姆斯还是一个对超信仰及灵媒深感兴趣的有神论者（或有鬼论者），相信人鬼之间的互通及超意识的自动书写。白克夫人就自称"自动书写者"（automatic writer，按，钱锺书将其译为"圣手书生"），她在《让我们进来》一书中，让死后的詹姆斯假借她的手，发表了无数在幽冥界所发生的感想。钱锺书戏称此书为"鬼讲的话"，其书评则是"讲鬼的话"，所以书评的标题拟为"鬼话连篇"。[②] 钱锺书笔下的"鬼话"名篇有《魔鬼夜访钱锺书先生》《灵感》等，"神话"名篇有《上帝的梦》等，无论神话、鬼话，均涉及班奈特《一种哲学的纲要》中所讨论的"神的问题""神怪问题"，与儒家"不语怪力乱神"的立场有异，恰恰表明了钱锺书思想中的神秘主义倾向。在《围城》中，方鸿渐与孙柔嘉讨论过鬼是否存在的问题：

> 早晨不到五点钟，轿夫们淘米煮饭。鸿渐和孙小姐两人下半夜都没有睡，也跟着起来，到屋外呼吸新鲜空气。才发现这屋背后全是坟，看来这屋就是铲平坟墓造的。火铺屋后不远矗立一个破门框子，屋身烧掉了，只

---

① 参阅本书第五篇。
② 钱锺书《鬼话连篇》，《钱锺书散文》，第112页。

十、"永恒喜爱时间的果实"

剩这个进出口,两扇门也给人搬走了。鸿渐指着那些土馒头问:"孙小姐,你相信不相信有鬼?"孙小姐自从梦魇以后,跟鸿渐熟多了,笑说:"这话很难回答。有时候,我相信有鬼;有时候,我决不相信有鬼。譬如昨天晚上,我觉得鬼真可怕。可是这时候虽然四周围全是坟墓,我又觉得鬼绝对没有这东西了。"鸿渐道:"这意思很新鲜。鬼的存在的确有时间性的,好像春天有的花,到夏天就没有。"孙小姐道:"你说你听见的声音像小孩子的,我梦里的手也像是小孩子的,这太怪了。"鸿渐道:"也许我们睡的地方本来是小孩子的坟,你看这些坟都很小,不像是大人的。"孙小姐天真地问:"为什么鬼不长大的?小孩子死了几十年还是小孩子?"鸿渐道:"这就是生离死别比百年团聚好的地方,它能使人不老。不但鬼不会长大,不见了好久的朋友,在我们的心目里,还是当年的丰采,尽管我们自己已经老了——喂,辛楣。"辛楣呵呵大笑道:"你们两人一清早到这鬼窝里来谈些什么?"两人把昨天晚上的事告诉他,他冷笑道:"你们两人真是魂梦相通,了不得!我一点没感觉什么;当然我是粗人,鬼不屑拜访的——轿夫说今天下午可以到学校了。"[①]

[①] 钱锺书《围城》,第178页。

这段对话是在方、孙二人前晚都梦到鬼之后发生的。事实上，信不信鬼、鬼是否存在等问题常常会在面对死亡、追思逝者或经过坟场时引起人类的反思。生、死之间的界线犹如阳光与黑影之间的界线。死亡就是跨过那条时间界线，意味着生命的终结，肉身的消亡。今人与古人，生者与死者，属于两个相互隔绝的世界。古人皆逝者，怀古即是伤逝。同处一个时空，亲人至爱之生死，个人之生死，终将成为无可逃避的切身性问题。盛衰、今昔之变，固然令人感喟，但与死生相比，终是过眼云烟。王羲之因此在《兰亭集序》中发出了触动所有世代的终极感叹："向之所欣，俯仰之间，已为陈迹，犹不能不以之兴怀。况修短随化，终期于尽。古人云：'死生亦大矣！'岂不痛哉！"因为害怕死亡，因为对死后世界的好奇，因为希望死后还有一个世界，因为希望能与死后的亲人沟通，所以产生了鬼神想象。孙柔嘉梦到了鬼，所以相信鬼的存在，但到了白天，又觉得鬼并不存在。按方鸿渐的看法，鬼的存在有"时间性"，"好像春天有的花，到夏天就没有"，又认为生离死别比百年团聚好，因为生离死别能使人"不老"，即是在别人的印象中保留当年风采。这不仅是伤春悲秋式的浪漫感伤，更是对何谓不朽、如何不朽的追问与深思。杨绛在其夫、其女均先她而去后所写的《走到人生边上》中，记录了她对死亡本质、人的本质及人生价值等根基性问题的感悟。这部奥勒留《沉思录》式的生命之书所探讨的第一个问题就是"神和鬼的问题"，她自问自答说:"我本人只是怕鬼,并不敢断言自己害怕的是否实在,也许我只是迷信。但是我相信,我们不能因为看不见而断为不存在。"[①]的确,看不见不等于不存在。但鬼神的存在迄今无法实证。因此,鬼神实质上是想象中的存在,它与人类对精神不朽、灵魂不灭的追求息息相关。

钱锺书在《鬼话连篇》一文中,以很大篇幅介绍了"不朽"的涵义,尤其是"不朽"与"不灭"的区别:

>"immortality"有两个涵义:第一个涵义,就是我们通常所谓"不朽",第二个涵义是郑道子神不灭论所谓"不灭"。这两个涵义大不相同,假使我们要详细地分疏它们的不同("multiply distinctions"),虽几十万字亦不能尽。我在此处只能举出我所认为最重要的四点:(1)"不朽"包含着一个价值判断;我们总觉得"不朽"的东西都是"好"的东西——虽然几千年前中国的Cynic早知道"流芳百世"和"遗臭万年",从"不朽"的立场上看来,是没有什么分别的——譬如我们说"叶斯壁"和"陶士道"的作品皆足以"不朽",又如法兰西学院的四十尊"immortels"都是公认为最"好"的文人。反过来说,凡是不"好"的东西,我们认为是要"朽"的,是有时间性的,例如一个教授批评"陀思

[①] 杨绛《走到人生边上》,北京:商务印书馆,2007,第22页。

妥耶夫斯基为必死必朽之文学",又如我们骂人家"老朽",骂人家"该死"。"不灭"呢,只是一个纯粹的存在判断;"不朽"的名人的灵魂固然"不灭","必死必朽"的人的灵魂也同样地"不灭"。不论灵魂在天堂之中逍遥,或在地狱之中挣扎,只要"有"灵魂,就当得起"不灭","不朽"是少数人的 privilege,"不灭"是一切人的 right。康德在《纯理性批判》卷二第二章第四节中给"不灭"下的定义是,一个人的"永久继续着的存在"(infinitely prolonged existence);"殁而为神"也好,"殁而为鬼"也好,鬼和神在存在上是一般的。(2)"不朽"是依靠着他人的,是被动的,因为我们通常所谓"不朽",只是被后世所知道,被后世所记得之谓(关于记忆与"不朽"与价值的关系,长才短命的 Otto Weininger 在他的奇书《性别与性质》第二部中讲得最发人深省);我们不仅要"好",并且要人家知道我们的"好",才算"不朽"。"实"虽在乎自己,"名"有赖乎他人,所以诗人济慈临死要发"姓名写在水上"那样的牢骚。"不灭"呢,是自主的;早被忘掉的人,虽在人间世已经是销声灭迹的了,但依照"不灭"的原则在幽冥界中依然存在着,正好比一般无声无臭的人,虽然不为社会所知,也一天一天地度着他们的黯淡的生活。换句话讲,"不朽"的 Esse 有待于 Percipi,而"不灭"的 Esse 无待于 Percipi。因此(3)我们说某人"不朽"

十、"永恒喜爱时间的果实"

的时候，我们并不是说某人的身体没有"出于土而归于土"，我们只是说某人的姓名或作品能长为旁人记忆着；严格地我们应当说某人名的"不朽"。同样，我们讲"不灭"的时候，我们并不是指"embodied self"（借用 G.F.Stout《物与心》中的名词）全部"不灭"，我们只是指全人格中的一部分"不灭"——Broad 所谓"灵子"（psychic factor）。用中国的旧话来说，我们只是说"形徂而神在"——"神不灭"。所以"不朽"和"不灭"在不同之中又有相同之点："不朽"仅指一个人的姓名或作品，"不灭"仅指一个人的灵魂；它们都不是指全分人格的"保留"（survival），而只是指一部分人格的"遗留"（persistence）。（4）"不朽"是人间的现象，"不灭"断非人间世的现象；关于幽冥界怎样，我们不知道。我赶紧声明我既无"不朽"的奢望，亦无"不灭"的信仰，我只是借这个机会把"immortality"的两个涵义分析比较一下。①

钱锺书认为，英语中的"immortality"有两个涵义，一是"不朽"，一是"不灭"。查牛津字典可见，"immortality"的形容词形式"immortal"有二义：1.living for ever, 即不朽的，永远生存的；2.never forgotten, 即永不为人遗忘的，永垂不

---

① 钱锺书《鬼话连篇》，《钱锺书散文》，第 108—110 页。

朽的。① 与此相应，"immortality"的释义是：endless life or fame，即无尽的生命或名声。② 无尽的生命是指生命不朽，无尽的名声是指名声不朽，涵义确有不同。钱锺书所谓"不朽"，应是指名声不朽，他所谓"不灭"，等同于郑道子《神不灭论》所谓"不灭"，应是指生命不朽或永生。冯友兰指出，神不灭论是佛教和佛学的理论前提。③ 南朝宋郑鲜之（字道子）的《神不灭论》吸收东晋高僧慧远"形尽神不灭"之说，反对"形神同灭"的神灭论，认为"神为生本，其源至妙，岂得与七尺同枯，户牖俱尽者哉"？④ 其所谓神不灭，即是神不尽之意，不尽，即英文里的"endless"。综上，钱锺书所谓"不朽"与"不灭"的区别实质上是"名不朽"与"神不灭"的区别⑤，或者说，"不朽"有两种，一是"名不朽"，或价值意义上的精神不朽，与鬼神信仰无关，二是"神不灭"，或灵魂不朽，与鬼神信仰有关。

　　钱锺书简明扼要地揭示了"名不朽"与"神不灭"的四种区别。他首先借助休谟的实然应然之辨理论⑥指出，"不朽"包含着一个价值判断，而"不灭"只是一个纯粹的"存在判

---

① 《牛津现代高级英汉双解辞典（第三版）》（A.S.Hornby原著，张芳杰主编），香港：启思出版有限公司，1990，第576页。
② 《牛津现代高级英汉双解辞典（第三版）》，第576页。
③ 冯友兰《中国哲学史新编》第四册，北京：人民出版社，1986，第227页。
④ 僧祐撰、李小荣校笺《弘明集校笺》，上海：上海古籍出版社，2013，第239—247页。
⑤ 钱锺书《鬼话连篇》，《钱锺书散文》，第110页。
⑥ 详见本书第五篇。

断"(按,即事实判断)。关于"不朽"的价值判断属性,钱锺书指出,我们总觉得"不朽"的东西都是"好"的东西,凡是不"好"的东西,我们认为是要"朽"的,是有时间性的。他举例说,人们认为"叶斯壁"和"陶士道"的作品皆足以"不朽",而法兰西学院的四十位"immortels"(按,即不朽者)都是公认为最"好"的文人。

他所谓"叶斯壁""陶士道",即是莎士比亚(Shakespeare)、陀思妥耶夫斯基(Dostoevsky)。在近现代西学东渐之际,莎士比亚、陀思妥耶夫斯基等西方作家乃至西方哲学家、科学家的译名并不统一,如牛顿的译名之一是奈端,清代数学家李善兰所译《奈端数理》,即牛顿的《自然哲学的数学原理》,鲁迅在《文化偏至论》中采用"尼佉"作为尼采译名。在莎剧中译史上,"叶斯壁"是莎士比亚的众多译名之一(见1907年世界社出版的《近世界六十名人画传》,其中有《叶斯壁传》),钱锺书的父亲钱基博则将莎翁译为"叶斯比"。① 陀思妥耶夫斯基的译名也不统一,除了与"陶士道"相近的"陶斯道"之外,还有"陶思妥以夫斯基""陶斯托夫斯基"等译法。② 从世界文学史的角度来看,莎士比亚与陀思妥耶夫斯基确实因其卓越的艺术成就与对人类命运的深邃反思而具有不朽的地位。他们的"不朽",

---

① 李为民《莎士比亚戏剧译介的三个问题》,《安徽师范大学学报(人文社科版)》2006年第6期。
② 参见拙文《论夏济安与陀思妥耶夫斯基》,《中国比较文学》2017年第3期。

是人文价值的不朽，而非灵魂的不朽。

钱锺书所谓法兰西学院的四十位"不朽者"，实即法兰西学院的四十席院士职位。法兰西学院（Académie française）由四十位终身制院士组成，体现学术的至尊地位和法国学术界的最高威望，享有"不朽者"的称号，只有在某位院士谢世之后才能够补充一名新成员。他们中不仅有为法语的发展传播作出杰出贡献的诗人、小说家、剧作家、文艺批评家等文学界名流，还有哲学家、史学家、科学家，以及军政界、宗教界的著名人物，包括雨果、莫里亚克、尤内斯库等大文豪，以及像托克维尔那样闻名于世的政治思想家。1855年，法国作家乌赛在他的著作《法兰西学术院第四十一席的历史》中为那些未能入选的大师们虚构了一个席位——"法兰西学院第四十一席"，排在首位的是欧陆理性主义代表人物之一勒内·笛卡尔。[1] 由此可以看到法兰西学院院士这一荣誉在法国人心目中的至尊地位。不过，由于身为"不朽者"的法兰西院士在死后要被递补，因此，他们的"不朽"当然并非意指肉身的不朽，也并非意指死后为鬼神意义上的灵魂不朽，而是指价值的不朽，精神的不朽。

综上，"不朽"这一指称确实通常包含着价值判断，而且是肯定性价值判断。对于美好的人与事物，人们希望其不朽，如"青春永驻"之类祝福语就表达了这种愿望；对于邪

---

[1] 杨亚平《"法兰西学院"译名辨析》，《学术界》2011年第3期。

恶的人与事物，人们希望其速朽，如《尚书·汤誓》所谓"时日曷丧？予及汝偕亡"。不过，钱锺书还特别介绍了一种有别于常人理念的观点，即他所谓几千年前中国"犬儒主义者"（cynicism）的观点，其内涵是：从"不朽"的立场上看来，"流芳百世"与"遗臭万年"并无分别。这种观点无疑是庄子泯灭是非、善恶、美丑、贵贱之别的"齐物"思想的体现。《齐物论》中王倪与啮缺的如下对话充分表明了庄子对世俗评价标准与价值判断的怀疑，及对超乎生死利害之外的"至人"之知的赞美："王倪：'……毛嫱、西施，人之所美也；鱼见之深入，鸟见之高飞，麋鹿见之决骤……自我观之，仁义之端，是非之途，樊然淆乱，吾恶能知其辩！'啮缺曰：'子不知利害，则至人固不知利害乎？'王倪曰：'至人神矣！……乘云气，骑日月，而游乎四海之外。死生无变于己，而况利害之端乎！'"①

庄子以及道家的思想与古希腊犬儒派（cynic）的观念确有相通之处。古希腊犬儒派的代表人物为苏格拉底学生安提西尼（Antisthenes），及安提西尼的学生第欧根尼（Diogenes）。安提西尼主张回归自然及废弃政府、私产、婚姻、国教，宣称所有高雅的哲学均无价值，一切可知之物普通人皆可知，鄙视奢华及对感官享乐的追求，其名言是："我宁可发疯，也不要快乐。"② 第欧根尼则拒斥宗教、礼仪、穿戴及居住

---

① 陈鼓应《庄子今注今译》，北京：中华书局，1983，第80—81页。
② Bertrand Russell, *History of Western Philosophy*, pp.240—241.

方面的一切成规与习俗，决定像狗一样生活，他的居所是一只木盆（tub）或陶罐（pitcher），亚历山大大帝到访时，他正是躺在其中说出了流传千载的名言，"请不要挡住我的阳光"（only to stand out of my light）。"犬儒"（cynic）一词的本义就是"狗"（canine）。① 第欧根尼认为，普罗米修斯理应受惩罚，因为他将会使人类生活复杂化与非自然化的技艺传给了人类。② 按照罗素的看法，第欧根尼的这一观点与道家及卢梭、托尔斯泰的思想相近，但更有连贯性。③ 罗素的观点见其1946年首版的《西方哲学史》，钱锺书则于1932年发表的文章中提到"几千年前中国的犬儒主义者"，实际上是以庄子的齐物论思想与古希腊犬儒派的思想相对照，并以中西犬儒派作为解构价值判断的思想倾向的代表。罗素指出，第欧根尼一方面对物质财富冷漠以待，一方面对美德满怀热诚，并非现代意义上的玩世不恭者。④ 这就意味着，古希腊犬儒派虽然去智（否定哲学的价值；反对机械、机心），却并不绝圣，与老庄哲学不能简单混同。

从区分"是"与"应该"（is-ought）的休谟问题角度着眼，庄子借王倪之口质疑仁义、是非之辩带来的思维混乱，主张超越利害、生死而逍遥物外，实质上是对价值判断的解构，

---

① Bertrand Russell, *History of Western Philosophy*, p.241.
② Bertrand Russell, *History of Western Philosophy*, p.242.
③ Bertrand Russell, *History of Western Philosophy*, p.242.
④ Bertrand Russell, *History of Western Philosophy*, p.241.

揭示了它的主观性和片面性。"不朽"作为一种价值判断，也存在这个问题。以钱锺书所举的陀思妥耶夫斯基为例，一方面，主流意见认为，陀思妥耶夫斯基与莎士比亚的作品，皆足以不朽，另一方面，也有教授认为，陀思妥耶夫斯基的作品为"必死必朽之文学"。必朽与不朽，都是对陀思妥耶夫斯基能否精神永存的判决，融入了个人的好恶偏嗜。钱锺书认为，与"不朽"相对照，"不灭"是一个纯粹的事实判断，在相信死后有灵魂的前提下，不论灵魂在天堂之中逍遥，或在地狱之中挣扎，都当得起"不灭"。他进而指出，"不朽"是少数人的"特权"（privilege），"不灭"是一切人的权利（right）。为了说明"不灭"的含义，他特别引用了康德在《纯粹理性批判》中给"不灭"下的定义，即"永久继续着的存在"（infinitely prolonged existence）。他进而下结论说，人或"殁而为神"，或"殁而为鬼"，但鬼和神在存在上是一般的。这样的观点实际上通过将价值判断"降维"为事实判断，泯灭了鬼神理念中的善恶之分、贵贱之别，是庄子"齐物"思想在鬼神问题上的延伸。

钱锺书进而指出，"不朽"是被动的，因为一个人被后世所记得才叫"不朽"，与之相对照，"不灭"则是自主的，因为一个早被世人忘掉的人，如果依照"不灭"的假设，他在幽冥界中依然存在着。这就意味着，"不朽"的"存在"（esse）有待于"感知"（percipi），而"不灭"的"存在"无待于"感知"。钱锺书在此处既化用了英国经验主义哲学家、大主教贝克莱（George Berkeley，1685—1753）[1]的"存在即是被感知"（esse is percipi；to be is to be perceived）的观点，又从神秘主义哲学的角度对其进行了挑战。贝克莱否认物质实体（material substance）的存在，认为桌、椅这些客体只是被我们的心灵或大脑所感知到的理念，因此，所有客体都依赖心灵的感知而存在。这种观点类似于王阳明"心外无物"的理念。从认识论上来说，贝克莱的存在与感知关系论可称为西方心学。贝克莱于1710年出版了哲学名著《人类知识原理》（*A Treatise Concerning the Principles of Human Knowledge*），由于反响不大，他以对话形式重写此书，并于三年后出版，即《海拉斯与斐洛诺斯对话三篇》（*Three Dialogues between Hylas and Philonous*），其中斐洛诺斯本意为"爱—灵魂"（philo-nous），海拉斯本意为"物质"（matter），贝克莱分别借以指称自己与论辩对手，尤其是洛克。这样的对话形式，上承古希腊以柏拉图为代表的以对话推动思考深入的思式，又与庄子《齐物论》中王倪与啮缺的对话等中国古典哲学中的虚拟对话颇有相通性，彰显了对话哲学在知识学及方法论意义上的价值。贝克莱在《人类知识原理》中阐发了他的"心学"思想，其核心观点如下：

  I think an intuitive knowledge may be obtained of this

---

[1] 参阅本书第一篇、第五篇。

十、"永恒喜爱时间的果实"

[that the various sensations orideas imprinted on the sense ... cannot exist otherwise than in a mind perceiving them], by any one that shall attend to what is meant by the term exist when applied to sensible things. The table I write on, I say, exists, that is, I see and feel it; ... There was an odour, that is, it was smelled; there was a sound, that is to say, it was heard; a colour or figure, and it was perceived by sight or touch. This is all that I can understand by these and like expressions.... Their esse is percipi, nor is it possible that they should have any existence, out of the minds or thinking things which perceive them.①

参考译文：

　　我认为直觉的知识可以通过这种方式获得，即纷繁的感觉或模糊想法印刻在意识中……仅当心灵感知到它们时，它们才存在。任何人欲获得直觉知识，都应留意被"存在"——可感觉事物的"存在"——这一术语所指称的事物。我说我的书桌存在，即是说，我看到和感觉到了它……此处有臭味，即是说，它被闻到了；此处有声音，即是说，它被听到了；一种色彩或图像，通

---

① Tom Stoneham, Berkeley's "esse is percipi" and Collier's "simple" argument. *History of Philosophy Quarterly*, 23 (3), 2006. pp. 211—224.

过视觉或触摸被感知。我只能这样理解以上及类似的表述。……它们的存在是被感知，如果没有心灵或思想物感知到它们，它们不可能存在。

王阳明《传习录·卷下》记录了如下对话："先生游南镇。一友指岩中花树问曰：'天下无心外之物。如此花树，在深山中自开自落，于我心亦何相关？'先生曰：'你未看此花时，此花与汝心同归于寂。你来看此花时，则此花颜色一时明白起来。便知此花不在你的心外。'"[1] 王阳明提出花树不在心外，比贝克莱提出声色不在心外早了约两百年。当然，贝克莱的观点在西方知识谱系中也有更早渊源，如笛卡尔的"我思故我在"（拉丁语：Cogito, ergo sum；法语：Je pense, donc je suis；英语：I think, therefore I am）。这一命题首次出现于1637年法文版的《方法论》（*Discourse on the Method*），其后出现于1644年拉丁文版的《哲学原理》（*Principles of Philosophy*）。"我思故我在"意为我的存在可以通过我在思考这一事实得以确认。这种认识其实代表了东西方哲学中以心灵或头脑的感知、思考作为存在依据的知识学及存在论立场，对贝克莱这位经验主义哲学家也有影响，他在《人类知识原理》中所使用的"思想物"（thinking things）这一概念即源自笛卡尔。

---

[1] 陈荣捷《王阳明传习录详注集评》，台北：台湾学生书局，1983，第332页。

十、"永恒喜爱时间的果实"

笛卡尔的身心二元论对现代思想界影响极大。它拒绝承认情感在理性决策中的作用，认为情感是理性思考的杂音，因而导致科学界长期忽视了情感作为人类真实存在的根源之一的价值。甚至当代的神经科学在考察大脑的认知功能时，也往往无视情感的作用。有些生物学家直到现在也还在使用机械论作为生命过程的解释模式。1995 年，身兼临床医生和神经科学家二职的安东尼奥·达马西奥（Antonio Damasio）出版了《笛卡尔的错误：情绪、推理和人脑》（*Descartes' Error: Emotion, Reason and the Human Brain*）一书。该书的批判对象是笛卡尔身心分离的二元论观点以及这个观点的几个现代变体。例如一种观点认为心智与大脑有关，但仅限于将心智看作软件程序，运行在一个称为大脑的计算机硬件上；或者大脑和躯体是相关的，但只是说前者必须要在后者的生命支持下才能生存。笛卡尔的"我思故我在"之说，表明思维和思维意识是"存在"的基础，他又认为思想是一种与躯体完全分离的活动。达马西奥从脑科学及心理学的角度指出，笛卡尔的观点和他所认为的心智的起源以及心智与躯体关系的观点正好相反，科学研究得出的结论是，人类的理性决策离不开对身体情绪状态的感受。[1]这一论断颠覆了支配西方几百年的身心二元论，也再次证明东西方知识学上的难题将随着脑科学与认知心理学的发展而迎刃而解。

---

[1] 详见安东尼奥·达马西奥《笛卡尔的错误》（殷云露译）第 11 章 "推理中潜藏的激情"，北京：北京联合出版公司，2018。

如果从科学的角度着眼，王阳明的"心外无物"说自然也是一种主观想象，更接近"神与物游"的审美经验，而缺乏科学依据。但此说与笛卡尔的"我思故我在"、贝克莱的"存在即是被感知"均在突出人的主体性及提升人的认知主动性方面有其价值，所以不必轻言废弃。与达马西奥依据神经科学研究的新发现以推翻笛卡尔的身心二元论不同，钱锺书是从阴阳两界之别这个非科学的角度来解构贝克莱的"存在即是被感知"之说的。在他看来，人间世的"不朽"依赖于被感知，但幽冥界的"不灭"则无须被感知。这种剖分对于认清神学、宗教哲学中关于"不朽"及"不灭"的辨析，有一定的认识论价值。

在谈到记忆与"不朽"的关系时，钱锺书指出，"长才短命的 Otto Weininger 在他的奇书《性别与性质》第二部"里，对此"讲得最发人深省"。Otto Weininger 即是奥地利厌女症哲学家奥托·魏宁格，《性别与性质》的德文原标题为"Geschlecht und Charakter"，英译为"Sex and Character"，通译《性与性格》。1933 年，钱锺书于英文刊物《中国评论周报》发表了对《欧洲小说与小说家》一书的书评，书评参照魏宁格的观点，以戏谑语言将伍尔芙称为意识流文学的情妇。[①]

钱锺书又指出，人们说某人"不朽"，并不是说其肉身

---

① 详见本书第二篇。

不会消亡，而是指其姓名或作品能长为旁人所记忆，因此，"不朽"之誉其实建立在物质精神二元论及名实二分的基础上。一方面，"实"虽在乎自己，"名"则有赖乎他人，所以诗人济慈（John Keats）临死前嘱咐其友塞文（Joseph Severn）在其墓碑上刻上"姓名写在水上的人"①。姓名写在水上，意味着随写随逝，消失于无形。这当然是"牢骚"，但也从反面表明诗人对人死留名的看重。另一方面，肉身的生灭与精神价值的存废二分，人死而遗泽人间者，即为"不朽"，其"不朽"者，非人之"实"，而是人之"名"。由此可见，"不朽"作为一种价值判断，是对人的精神价值及功业成就的肯定，并不是一种建立在鬼神想象基础上的宗教或迷信观念。与此相对照，"不灭"作为一种事实判断，实际上是建立在关于鬼神世界的假设之上。钱锺书指出，人们讲"不灭"的时候，并不是指分析心理学家斯托特②所谓"灵肉合一的自我"（embodied self）全部"不灭"，而只是指全人格中的一部分"不灭"。这"不灭"的部分即布劳德（Charlie Dunbar Broad，1887—1971）所谓"灵子"（psychic factor），也即是郑道子《神不灭论》中所谓"神"。质言之，"不灭"即是"形徂而神

---

① Charles Armitage Brown, *Life of John Keats*. Oxford: OUP, 1937, pp.83—88.（原文为："Here lies one whose name was writ in water."）
② 斯托特（George Frederick Stout, 1860—1944）曾任剑桥大学心理学、哲学教授，是"英国分析心理派"代表人物，著有《分析心理学》（*Analytic Psychology*）。详见本书第八篇。钱锺书所引斯托特《物与心》一书的英文原题为"Mind and Matter"，1931年由剑桥大学出版社出版。

在"，也就是"神不灭"。因此，"不朽"和"不灭"这两个判断在不同之中又有相同之点：它们都不是指全分人格的"保留"，而只是指一部分人格的"遗留"；"不朽"仅指一个人的姓名或作品，"不灭"仅指一个人的灵魂。钱锺书"不朽""不灭"之辨的目的与意义由此豁然清晰：他实际上是针对中国古代哲学史上争讼甚烈的"神不灭"问题，参照他研读西方哲学的心得，提出了自己的解决方案，即将"名不朽"与"神不灭"区分开来，"名不朽"属于人间的现象，"神不灭"断非人间世的现象，因此，不应该在关于"神灭"或"神不灭"的论争中，将"不朽"与"不灭"混为一谈。

魏晋南北朝时期的佛教思想家慧远、宗炳、郑鲜之（即郑道子）等主张"形尽神不灭"，即认为精神可以离开肉体而永恒不灭，由此论证生死轮回、因果报应等观念。范缜著《神灭论》系统驳斥了"神不灭"论，认为"形谢则神灭"，"形者神之质，神者形之用"，"神之于质，犹利之于刃，形之于用，犹刃之于利"，"未闻刃没而利存，岂容形亡而神在"。[1] 范缜与"神不灭"论者的论争，自然可以归于有神论、无神论之争。从科学实证的角度，可以很轻易地否定有神论。但有神论与宗教信仰千年不绝，且在文明社会、经济科技发达地区始终占有一席之地，甚至成为精神命脉，自有其不可低估的精神价值。对此，钱锺书极为睿智地自嘲说，"关于幽

---

[1] 汤用彤《汉魏两晋南北朝佛教史》，上海书店据商务印书馆1938年版影印，1991，第471页。

冥界怎样，我们不知道"，"我既无'不朽'的奢望，亦无'不灭'的信仰"。的确，"神不灭"是基于对幽冥界或天堂、地狱等死后世界或鬼神世界的原始想象基础上的信仰，而不是科学意义上的事实判断。信仰（其常见形式为宗教信仰）给人安慰、启迪和向死而生的勇气，不可轻易否定，但宗教的归于宗教，科学的归于科学，不应混为一谈。

值得注意的是，钱锺书以布劳德的"灵子"说与中国古代哲学中的"神不灭"论相对照，并认为布劳德所谓"灵子"，即是郑道子所谓"神"。布劳德是英国哲学家、心理学家，曾为著名分析心理学家斯托特的助理，他根据英国心灵研究协会[①]关于不正常现象的调查报告指出，"复杂生物"（compound substances）均由"身体因子"（bodily factor）和"灵子"或"心灵因子"（psychic factor）构成，从一些案例可见，"灵子"在人体死亡后还能存活一段时间，并偶尔会与"灵媒"（medium）相融合，构成所谓"暂心灵"（a little temporary mind; a mindkin）。[②] 从西方哲学史的角度来看，布劳德的"灵子"说是对中世纪哲学中的肉体与灵魂的二元论及19世纪哲学中关于灵魂之争的一个心理学的解释，也是对分析心理学"灵肉合一的自我"（embodied self）与

[①] 英国心灵研究协会（Society for Psychical Research）成立于1882年，致力于以科学手段研究通灵、灵媒等心灵现象。

[②] Theo Redpath, Cambridge Philosophers VIII: C. D. Broad. *Philosophy*, Oct., 1997, Vol. 72, No. 282 (Oct., 1997), pp. 571—594.

"没有肉身的心灵"（disembodied mind）之辨[1]的发展，同时对更好地理解中国古代哲学中的"神灭"与"神不灭"之争有所启示。首先，"形尽神不灭""形谢则神灭"二说中的"形""神"，可以分别对应布劳德所说的"身体因子""灵子"，从而使"形""神"这两个哲学概念得到更清晰的心理学界定。按照布拉德的看法，"灵子"由"性情"（dispositions）、"记忆"（memories）、"欲望"（desires）、"恐惧"（fears）等各种精神因素组成[2]，这可以说是对郑道子等"神不灭"论所谓"神"的较科学的界说。其次，布劳德的"暂心灵"之说试图证明"形"尽而"神"暂时不灭，虽然颇受诟病，但此说对于探讨记忆的存储却有一定参考价值，也可以说是"神灭"论、"神不灭"论之外的第三种学说，可命名为"神渐灭"论。

概而言之，钱锺书所谓"不朽"（immortality），包含"名不朽"与"神不灭"两层含义，两者不可混淆，也不可混同。持"名不朽"观的，可以是无神论者；持"神不灭"论的，必是有神论者。古今圣哲，无论是否怀疑上帝或鬼神的存在，都追求不朽，或思想不朽，或灵魂不朽。在时间中超越时间，在虚无中寻找意义，是哲学思考的终极意向。钱锺书从西方

---

[1] C. D. Broad, Critical Notice on the book: Mind and Matter. By G. F. Stout. Cambridge University Press, 1931. *Mind*, Volume XLI, Issue 163, July 1932, pp. 351—370.

[2] John Hick, *Biology and the Soul*. Cambridge University Press, 1972, p.17.

十、"永恒喜爱时间的果实"

哲学史及中西哲学对话的角度，风趣地点评了詹姆斯的"不朽"性与"不朽"观：

> 从柏拉图的《斐都篇》直到 Broad 的《心在自然界之位置》，均有"神不灭"的证明。但是"事实胜于雄辩"，詹美士的现身说法，比任何论证都强。诚然，在一切欧美哲学家之中，只有他当得"immortal"这个字，因为他在人类文化上贡献之伟大可以使他的"大名垂宇宙"——名不朽，而据白克夫人的《让我们进来》的报告，他老人家的灵魂又方逍遥于冥漠之乡，——"神不灭"；"immortal"的两方面，詹美士都做到了。詹美士的哲学虽不免洋行买办的气息，而詹美士的品性却带一些神秘的意味，跟一切伟大的人一样。他对于神不灭论或者——通俗地说——有鬼论，是有相当的信仰的（参看他的《书信集》）；他在有名的 Ingersoll 演讲里面曾讲过形与神的关系不一定是"利寓于刃"的关系（instrumental），像我国范缜所说，而也许是"薪尽火传"的关系（transmissive），像桓谭所说。[①]

钱锺书通读过柏拉图的重要著作，对其对话体的文学意义也颇为关注。他在《容安馆札记》中介绍了西方学者对柏

---
① 钱锺书《鬼话连篇》，《钱锺书散文》，第 110—111 页。

拉图的文学兴趣及对其对话录的艺术价值的描述与评价。据历史记载，"柏拉图本撰悲剧，见苏格拉底后尽焚少作，移其才"，但柏拉图对话体的艺术价值却在近世西方深受重视，18世纪苏格兰人类学家蒙博多（Lord Monboddo）认为，"《普罗泰戈拉篇》应搬上舞台"①，德国表现主义戏剧代表人物乔治·凯泽（G. Kaiser）认为，柏拉图语录为戏剧至高之作，苏格兰现代哲学家大卫·拉斐尔（D.D. Raphael）在《悲剧的悖论》一书中，辟有"作为戏剧家的哲学家"一节，作者认为，《斐多篇》是"哲学悲剧"（philosophical tragedy）。②

《斐多篇》记录了哲人苏格拉底在就义的当日，与其门徒斐多等人讨论正义和不朽的对话内容，以及他服毒而死的过程。即使仅从精神内涵上来看，《斐多篇》也堪称"哲学悲剧"，同时也是临死绝唱式的"天鹅之歌"。钱锺书研究专家、德国汉学家莫芝宜佳介绍说："西方文化中，论影响的深远，几乎没有另一本著作能与《斐多》相比。因信念而选择死亡，历史上这是第一宗。"③钱锺书在清华读书及在英法留学期间就关注到了《斐多篇》，《鬼话连篇》一文提到的《斐都篇》即《斐多篇》，杨绛则是在丈夫和女儿先后

---

① 原文为："*Protagoras* might be brought upon the stage."
② 钱锺书《容安馆札记》第111则，第174—175页。
③ 见莫芝宜佳为杨绛译《斐多》所撰序言。杨绛译《斐多》全名《斐多——柏拉图对话录之一》（沈阳：辽宁人民出版社，2000），后收入《杨绛全集·译文卷》（北京：人民文学出版社，2014）。

十、"永恒喜爱时间的果实"

过世、"我们仨"仅余一人的悲凉中重拾《斐多篇》,并将其重译出版。这个译本根据"勒布经典丛书"版(The Loeb Classical Library)《柏拉图对话集》原文与英译文对照本(英国伦敦 1953 年版)第一册 192—403 页《斐多篇》英语译文转译,并参考了"哈佛经典丛书"(The Havard Classics)收藏家版本(Collector's Edition)〔美国格洛列企业公司(Grolier Enterprise Corp.)1980 年版〕柏拉图对话选的《斐多篇》英语译文等四个译本。在译后记中,杨绛称,她"努力把这篇盛称有戏剧性的对话译成如实的对话"。①

在《斐多篇》中,苏格拉底认为,人是灵魂和肉体的结合,肉体会生病、滋生烦恼,并使人充满热情、欲望、恐惧、各种胡思乱想和愚昧,是一堆恶劣的东西,它妨碍人类获得智慧、接近知识。这和佛教所谓人的身体不过是一具臭皮囊,以及"心无挂碍,无挂碍故,无有恐怖,远离颠倒梦想,究竟涅槃"之说(《心经》)如出一辙。以下是杨绛对《斐多篇》中苏格拉底关于灵肉关系的关键论述的译文:

> 我们要求的智慧,我们声称热爱的智慧,在我们活着的时候是得不到的,要等死了才可能得到。因为如果说灵魂和肉体结合的时候,灵魂不能求得纯粹的知识,那么,或是我们压根儿无法寻求纯粹的知识,或者呢,

---

① 杨绛译《斐多》后记。

要等死了才能得到。人死了，非要到死了，灵魂不带着肉体了，灵魂才是单纯的灵魂。我们当前还活着呢，我想，我们要接近知识只有一个办法，我们除非万不得已，得尽量不和肉体交往，不沾染肉体的情欲，保持自身的纯洁，直到上天解脱我们。①

钱锺书介绍说，从柏拉图的《斐多篇》直到布劳德的《心在自然界之位置》，均有"神不灭"的证明。以上译文中所谓人之死是上天对我们的解脱，人死之后灵魂脱离肉体成为单纯的灵魂，唯有单纯的灵魂才能求得智慧和纯粹的知识，即是苏格拉底"神不灭"论，亦即"灵魂不朽"说的核心观念。无论是中国古代哲学中的"神不灭"论，还是西方哲学史上的"灵魂不朽"说，均属于有神论。钱锺书俏皮地指出，主张"灵魂不朽"的有"神"论也可以称为有"鬼"论，实用主义哲学家詹姆斯②就对有"鬼"论有相当的信仰，他认为形与神的关系不一定是"利寓于刃"的关系（instrumental），而也许是"薪尽火传"的关系（transmissive）。"利寓于刃"是无神论者范缜《神灭论》的比喻，说明形尽则神灭。"薪尽火传"之说源出《庄子·养生主》，原文为"指穷于为薪，

---

① 柏拉图《斐多——柏拉图对话录之一》（杨绛译），《杨绛全集·译文卷》，第306页。
② 按，詹姆斯著有《人的不朽》，即 *Human Immortality: Two Supposed Objections to the Doctrine*（the Ingersoll Lecture, 1897）。詹姆斯认为"不朽是人的伟大的精神需要之一"，胡适曾引用其观点。

火传也，不知其尽也"①，意为薪材烧尽而火却传续下去，后用以比喻学问与技艺代代相传。净宗初祖释慧远在《沙门不敬王者论》中借用了这一比喻，以说明形尽神不灭，正好与桓谭的形尽神灭论相反。慧远的原话为："火之传于薪，犹神之传于形；火之传异薪，犹神之传异形。前薪非后薪，则知指穷之术妙；前形非后形，则悟情数之感深。惑者见形朽于一生，便以谓神情俱丧，犹睹火穷于一木，谓终期都尽耳。此由从养生之谈，非远寻其类者也。"②慧远的意思是说，薪传火如同形传神，前薪续以后薪，则火不灭，前形续以后形，则神不灭，他所谓"指穷之术"，即是庄子"薪尽火传"之喻。庄子的这一比喻，本是用来解说"安时处顺"、超越生死的"悬解"之道、解脱之道。③按照庄子的观点，一己之死生，无非天地化生之一端，生为气之聚，死为气之散，大化流行，不增不减，所以陶渊明有纵浪大化、不喜不惧之叹。曾与陶渊明共居庐山的慧远则是从佛学的角度对庄子的"指穷"说进行"格义"，借以证明形尽而神不灭。其论证只能证明（1）薪不尽则火不灭，（2）火不会穷于一木，但无法证明人死后形丧而神存。因为火不穷于一木的前提是，一木燃尽之后，还有其他木材，当有需要的时候，还可以点燃。火这种物理现象不会因为一根木材燃尽而消失，但人死

---

① 陈鼓应《庄子今注今译》，第103页。
② 冯友兰《中国哲学史新编》第四册，北京：人民出版社，1986，第226页。
③ 陈鼓应《庄子今注今译》，第104页。

后，形既朽，神亦无所托，后生之形，已非前形。所谓"人生代代无穷已"，所谓"留取丹心照汗青"，只是表明人虽死，而种族不灭，精神不灭，而非神不灭，或灵魂不朽。

虽然钱锺书未指出"薪尽火传"之说源出《庄子·养生主》，但他在西方哲学东传之际，尝试运用中国哲学的观念及语言诠释詹姆斯的"不朽"论，类似于佛学在中国发展的第一阶段所采用的"格义"①，一方面有助于中国读者理解西方哲学，另一方面也是对中西方哲学的会通。由此表明，人死后会如何，以及灵魂是否能够不朽等终极问题，是东西方哲学的共同关注点，且对于这些终极问题，均包含无神论与有神论这两种思考模式。

从科学的角度来看，灵魂不朽、上帝存在只是信仰，而非客观事实，它们作为有神论的核心观念都因无法实证，而理应被否定或被悬置。但从道德哲学乃至道德神学的角度来看，灵魂不朽与上帝存在是必要的假设，具有提升现世的功能和道德奠基的作用。康德在《实践理性批判》中指出，"至善在现世中的实现是一个可以通过道德律来规定的意志的必然客体。但在这个意志中意向与道德律的完全适合却是至善的至上条件。所以这种适合必须正如它的客体一样也是可能的，因为它被包括在必须促进这个客体的同一个命令之中。但意志与道德律的完全的适合就是神圣性，是任何在感官世

---

① 冯友兰《中国哲学史新编》第四册，北京：人民出版社，1986，第217页。

十、"永恒喜爱时间的果实"

界中的有理性的存在者在其存有的任何时刻都不能做到的某种完善性。然而由于它仍然是作为实践上的而被必然要求着，所以它只是在一个朝着那种完全的适合的而进向无限的进程中才能找到，而按照纯粹实践理性的原则是有必要假定这样一个实践的进步作为我们意志的实在客体的"，"但这个无限的进程只有在同一个有理性的存在者的某种无限持续下去的生存和人格（我们将它称之为灵魂不朽）的前提之下才有可能。所以至善在实践上只有以灵魂不朽为前提才有可能，因而灵魂不朽当其与道德律不可分割地结合着时，就是纯粹实践理性的一个悬设"。[①] 康德在这段论述中将"灵魂不朽"界定为"有理性的存在者的某种无限持续下去的生存和人格"，事实上，无限持续的人格是钱锺书所谓"名不朽"，也就是精神不灭，无限持续的生存才是"灵魂不朽"，或"神不灭"，康德的定义是将"名不朽"与"神不灭"混为一谈了。此外，康德深知上帝或灵魂不朽等观念会受到自然科学的挑战，所以，他将意志与道德律的完全适合称为"神圣性"（按，这种"神圣性"是对自然的超升，可摆脱自然科学的束缚，参见前文），并认为"有必要假定"一个"神圣性"赖以实现的"进向无限的进程"，而"灵魂不朽"则是这个无限进程及至善实践的前提，因而是纯粹实践理性的一个"悬设"（另一个悬设是"上帝存在"）。

[①] 康德著、邓晓芒译《实践理性批判》，北京：人民出版社，2003，第167—168页。

从人类文明史来看，灵魂不朽、上帝存在等观念确实对提升、规范现世发挥了重要作用，由于害怕天谴、报应或死后下地狱，由于害怕上帝的审判或来世的惩罚，恃权恃势逞恶之人，不能不有所戒惧。霍布斯把人类的存在和发展划分为"自然状态"和"社会状态"，认为人的天性是自私自利的，在自然状态下，人人之间如豺狼相逐，通过制定社会契约，人类才步入社会状态，而这一转变是以人类整体生存的要求作为外在强制性前提的。[①] 按照霍布斯的观点可推论出道德规范是人类利益冲突的产物。的确，道德的重要功能就是平衡人的利益与遏制人的恶本能。道德意识形成的情感根源，一是爱，二是怕。而纯粹实践理性的"悬设"，即灵魂不朽、上帝存在，以及与之相应或相似的假定或信念，如无限者的律令、末日审判、报应、天谴等，则是怕或敬畏的神学根源。

在陀思妥耶夫斯基的《卡拉马佐夫兄弟》中，暴躁荒淫的老卡拉马佐夫有一次反复追问两个儿子有没有上帝和灵魂不死，并要他们正正经经回答。伊凡说没有上帝，也没有灵魂不死；阿辽沙说有上帝，也有灵魂不死，而"灵魂不死就在上帝里面"。当老卡拉马佐夫说"伊凡大概是对的"，并说要把第一个想出上帝的人吊死时，伊凡却又说："如果没想出上帝来，就完全不会有文明的。"老卡拉马佐夫说要让"修道院那一套彻底完蛋"，伊凡则说，那样的话，"首先第一

[①] 参阅拙著《现代性伦理叙事研究》，杭州：浙江大学出版社，2013，第21页。

个就要把你抢劫一空"。①而在斯麦尔佳科夫杀死老卡拉马佐夫之后，他对伊凡说："这的确是您教我的，因为您当时对我说了许多这类的话：既然没有永恒的上帝，就无所谓道德，也就根本不需要道德。""您当时一直说，什么都可以做。"②英国文学评论家理查兹认为，人的道德、价值和生命是无需靠对上帝的信仰来支持的，是可以独立自存的。在他看来，那使伊凡成了疯人的、看似矛盾的命题"如果上帝不存在，那么一切东西就都是合理的了"，其实并不是一个矛盾的命题，而只是一个哑谜，一个故弄玄虚的文字游戏。假如上帝不存在就意味着人生无所由，价值体系无所存，那么一切当然也就合理合法了；然而，价值的体系和人生的途径之存在与否并非取决于神的存在，只不过这两个问题在历史上曾经纠缠在一起而已。他认为，我们公认的价值观念归根结底产生于我们作为社会人群的需要，虽然也能从对神的信仰中汲取有力的支持，然而这种支持并非必不可少。③

理查兹的"价值观念取决于社会人群的需要"之说，其实是霍布斯的外在强制说的翻版，具有经验主义伦理学乃至实用主义伦理学的贴地性，却忽视了时间的尺度性意义。

时间是不可逆转，不可复制，也不可伪造的。所有的人

---

① 《卡拉马佐夫兄弟》（上），北京：人民文学出版社，1981，第193—195页。
② 《卡拉马佐夫兄弟》（下），第956—957页。
③ 赫尔曼·海塞著、斯人等译《陀思妥耶夫斯基的上帝》，北京：社会科学文献出版社，1999，第160页。

都生活在时间之中，时间使生活成为可能，同时也是生活的尺度和限度。肉身的速朽固然以时间为尺度，灵魂的不朽也同样以时间为尺度。没有时间，也就无所谓速朽与不朽，一切宗教性的蛊惑，如轮回、超度、末世、往生、来世、彼岸，都失去了依托。陀思妥耶夫斯基式的天问"没有永恒的上帝，就无所谓道德"，只有在时间的尺度中才是真实的，才不是一个伪命题。因为首先必须有速朽与不朽的对立，才能问灵魂是否不朽。由此我们可以说，道德是时间性的，宗教的救赎也是时间性的。因为有时间之维，因为有速朽与不朽的对立，牺牲、献身、十字架上的受难，以及其他所有具有道德内涵的行为，包括杀身成仁，才获得了确定的依托和真实的意义。这就意味着，时间作为尺度，不仅是普通计量的尺度，更是一种超越性的尺度。一天二十四小时，一年三百六十五天，三十年为一世，铜壶滴漏，更香焦首，春秋换季，人事代谢，这一切不过是普通的计量，直线推进，而又循环往复。当人们试图从循环往复的生活中摆脱出来，不再被动地受惯性力量的左右时，作为超越性尺度的时间才敲响了自鸿蒙初开以来的第一记钟声。

如果没有对超越性时间尺度的认知和依归，人们将难以从现世的时间之流中抽身而出，也难以对抗尘事涡旋的强大牵引力，人们将顺着自然之势卷入生存之中，被一切世俗的欲望、动机、力量所操控、所奴役，不是在随喜的狂欢中走向毁灭，就是在永恒的迷惘中步入虚无。只有当超越性时间尺度的钟声敲响，那些不甘随波逐流的人们才找到了灵魂上升的方向。这悠远的钟声像划破长夜的闪电，让习惯黑暗与迷惘的眼睛看到了新的可能和超越的希望。《圣经·创世纪》所谓"上帝说要有光，于是便有了光"[1]，其实可以看成一个隐喻，类似于宋代儒生在邮亭梁间所提"天不生仲尼，万古如长夜"，皆是以照亮黑暗的光芒作为精神创世纪的象征。这初生的光芒不仅是自然之光，更是神性之光，德性之光，它创生了人类的信念，创生了一种新的牵引力，一种对抗自然之势的强大牵引力，匍匐在大地上、恬然地吸饮着时间之流的人类从此拥有了超越现世生存的力量源泉。在完成了从猿到人的自然进化之后，人类开始了精神的进化。人的直立，不仅是肉身的挺立，更是精神的超拔。然而，新的牵引力的创生，并不意味着原有牵引力的消失。一部文明史，其实就是信念牵引力和自然牵引力的角逐。在这两种力量的吸引和撕扯中，有人彻底摆脱了自然的牵引，有人决绝抛弃了信念的牵引。但更多的人，却在时上时下、忽左忽右的紧张中自觉不自觉地寻找着可能的平衡。这是一条漫长的寻觅之路，也许终其一生也无法达到灵肉和谐的澄明之境。鲁迅笔下的过客，电影《阿甘正传》中的阿甘，一个在不停地走，一个在不停地跑，他们都是因为宿命的紧张而不由自主地前行，他们也都没有明确的目的地，但他们却都是在寻找一处能够

---

[1] 原文为："And God said, Let there be light: and there was light."

让灵肉安顿下来的所在。

对现代人来说，通往超越之路变得更加扑朔迷离，因为自然之势的牵引愈益强劲和花样百出。现代社会的运转逻辑就是依据功利尺度，不停地生产欲望，生产时尚，新旧更替的速度越来越快。技术文明就像一架高速列车，将一切旧事物飞快地甩到身后，而且越甩越快，以至某种新生事物才出炉不久，就已经过时。现代人就像这架列车上的乘客，起初觉得非常舒适，而后感到眩晕、焦虑。"可是没有水"[1]，艾略特《荒原》中的慨叹揭示了精神生命的荒凉和从存在焦虑中获得解脱的渴念。

---

[1] 赵萝蕤等译《艾略特诗选》，《荒原》第五节"雷霆的话"，济南：山东大学出版社，1999，第79页。

十一、"反者道之动"

宋代诗人王禹偁《村行》一诗中,有"数峰无语立斜阳"一句。钱锺书评论说,山峰本来是不能语而"无语"的,诗人说它们"无语"并不违反事实,但是同时也仿佛表示它们原先能语、有语、欲语而此刻忽然"无语",因此,如果改用正面的说法,例如"数峰毕静",就消减了意味。[①] 钱锺书之所以能一眼看出"无语"乃"有语"之反,从而体会出欲语而不语(正而反)、不语而欲语(反而正)的妙处,显然与其长于辩证思维有关。

钱锺书生前曾对人说,"他一生为学,得益于黑格尔、老子的辩证法者甚多"。[②] 这句话对理解钱锺书的学术思想实在是一个极重要的提示。以此反观钱锺书的学术研究,可

[①] 钱锺书《宋诗选注》,北京:人民文学出版社,1958,第9页。
[②] 敏泽《论钱学的基本精神和历史贡献——纪念钱钟书先生》,《文学评论》1999年第3期。

以看到，钱锺书对黑格尔思想、老子哲学都相当关注。如对《老子王弼注》，《管锥编》中有专门阐述，而黑格尔的美学、哲学思想，也屡见于钱著。综观钱著，借重哲学（含伦理学）、心理学之处甚多，如老子、黑格尔的辩证法思想，狄尔泰、伽达默尔的解释学思想，亚里士多德以降的西方伦理学思想，弗洛伊德的精神分析学理论等等，均是钱锺书文艺研究中的重要理论资源。

老子有"反者道之动"之论，冥契于黑格尔的辩证法思想。钱锺书对此曾作过比较，他说"反者道之动"之"反"字兼"反"意与"返"意亦即"反之反"意，一语中包赅"反正之动"为"反"与夫"反反之动而合于正"为"返"，与黑格尔所谓"否定之否定（das Negative des Negation）""理无二致"，因此，老子此五言可谓"约辩证之理"。① 在《容安馆札记》中，钱锺书指出，"正、反、合"之论在黑格尔时代的德国实为老生常谈，但辩证法的精神命脉，"不仅在正、反之合，而在合而别生正、反，生生不已，绵绵相续"，钱锺书认为，这是黑格尔之所"独窥"，"前人未之或知"。② 这些论述显示出钱锺书对黑格尔、老子辩证法思想的较为准确和深入的把握。而综观钱氏之学，可以看到，辩证思维乃是钱锺书的重要运思模式。其运用老子的辩证法思想及黑格尔的量变质变说，破解英国哲学家休谟的自我臆论、因果臆

---

① 钱锺书《管锥编》（第二册），北京：中华书局，1986，第446页。
② 钱锺书《容安馆札记》（第一册），北京：商务印书馆，2003，第94页。

论，即是明证。

为了说明语言表达的局限性，钱锺书列举了十多位中外哲学家、文人"责备语文"的观点，如黑格尔所谓"语文宣示心蕴既过又不及"，尼采所谓"语文乃为可落言诠之凡庸事物而设"。[①]

在《逻辑学》（Wissenschaft der Logik）一书中，黑格尔批评汉语不宜思辨，还提出了中国没有真正的哲学这一"高论"。他认为，哲学就是希腊的东西，因为古希腊人使用的是字母文字，而非象形文字。象形文字通过形象来思维，古希腊人是通过抽象的文字和概念来思考。由于中国哲学以象形文字为思维工具，没有达到抽象的哲学程度，所以只是前哲学的思想，或者还停留在哲学的童年。黑格尔之所以会有这种可笑的偏见，一方面是因为他根本不懂中文，所以只能人云亦云，另一方面是没有摆脱语言就是思想这个古老的西方哲学命题的束缚。其实，思与言之间也可以有中介（medium），这个中介可以是中国古典哲学所谓"象"。《易传》说："圣人有以见天下之赜，而拟诸其形容，象其物宜，是故谓之象。"又说："子曰：'书不尽言，言不尽意。'然则圣人之意，其不可见乎？子曰：'圣人立象以尽意，设卦以尽情伪，系辞焉以尽其言。'"上述说法表明，战国时期的中国思想家就已经意识到了语言形成词义时只能表达概

---
① 钱锺书《管锥编》（第二册），第 407—408 页。

括的意义这一语言自身的局限性，所以要"立象以尽意"。

后来的玄学家发展了《易传》的"言不尽意"说，如荀粲认为，象外之意、话外之音是蕴而不出的，所以圣人的著述不过是圣人思想的糠秕。当代西方哲学界也已深刻意识到语言的局限性及思与言之间的裂隙，黑格尔对象形文字的鄙薄和对字母文字的溢美，彰显了理性主义者的自负。

钱锺书对此评论说：

> 黑格尔尝鄙薄吾国语文，以为不宜思辨；又自夸德语能冥契道妙，举"奥伏赫变"（Aufheben）为例，以相反两意融会于一字（ein und dasselbe Wort für zwei entgegengesetzte Bestimmungen），拉丁文中亦无义蕴深富尔许者。其不知汉语，不必责也；无知而掉以轻心，发为高论，又老师巨子之常态惯技，无足怪也；然而遂使东西海之名理同者如南北海之马牛风，则不得不为承学之士惜之。①

黑格尔既不知道古汉语里的"易"字可以兼含"变易"与"不易"这两个相反的语义，也更难想象到他所自鸣得意的"相反两意融会于一字"这种语言现象在古汉语表达体系中其实并不鲜见。钱锺书从训诂学的角度将这种语言现象称

---

① 钱锺书《管锥编》（第一册），第 1—2 页。

之为"背出分训之同时合训"①。在他看来，一字多意，可以分为两种：一是"并行分训"，如《论语·子罕》"空空如也"，"空"可训虚无，亦可训诚悫，两义不同而亦不倍；二是"背出或歧出分训"，如"乱"兼训"治"，"废"兼训"置"，《墨子·经上》释"已"为"成""亡"，古人所谓"反训"，两义相违而亦相仇。在具体运用时，无论是可以"并行分训"的多义字（也就是兼含互不冲突的语义的多义字），还是可以"背出或歧出分训"的多义字（也就是兼含相互冲突的语义的多义字），可能仅有"一义"，也可能"虚涵数意"。②就以"奥伏赫变"（Aufheben）一词为例，虽然黑格尔称其兼含相反两意，但在德语哲学美学著述中，常常只限于一义，如康德《人性学》（Anthropologie）第七四节论情感（der Affekt），谓当其勃起，则心性之恬静消灭，席勒《论流丽与庄重》(Ueber Anmut und Würde)云："事物变易（Veränderung）而不丧失其本来者，唯运行（Bewegung）为然。"此皆只局于"灭绝"一义也。③又如汉语里的"放言"之"放"，既有"弃置"的意思，如"放言深藏"，也有"放纵"的意思，如"跌荡放言"，但在具体运用时，只能取一义。④再如"前后往来"这四个字，全都包含着过去、未来这两个

---

① 钱锺书《管锥编》（第一册），第6页。
② 钱锺书《管锥编》（第一册），第2页。
③ 钱锺书《管锥编》（第一册），第3页。
④ 钱锺书《管锥编》（第一册），第2页。

相反的意思，所以可以"互训"，但在具体语境中，也仅限一义：陆机《豫章行》中的"前路既已多，后途随年侵"，杜甫《晚发公安》中的"舟楫渺然自此去，江湖远适无前期"，各有一个"前"字，一指过去，一指未来，含义显豁，判然二分。[①]用钱锺书的话说，这叫"体涵分训，用却未着合训矣"[②]。这是巧妙地运用哲学领域的体用之辨解说语言现象：能不能分训是"体"，能不能合训则是"体之用"。

语义层面的"体之用"有两类，一是"体涵分训，用未合训"，二是"体涵分训，用能合训"。能合训的情况又有两种，一是"背出分训之同时合训"，如黑格尔所解说的"奥伏赫变"，《周易正义》所解说的"易"字，又如"衣"字，"其意恍兮跃如，衣之隐也、障也；其词焕乎斐然，衣之引也、彰也。一'衣'字而兼概沉思翰藻，此背出分训之同时合训也，谈艺者或有取欤。《唐摭言》卷一○称赵牧效李贺为歌诗，'可谓蹙金结绣'，又称刘光远慕李贺为长短歌，'尤能埋没意绪'；恰可分诂'衣'之两义矣"。[③] 也就是说，"衣"字兼含遮掩、彰显这两个相反的含义，如衣不蔽体中的"衣"，就是御寒遮羞的穿着，锦衣夜行中的"衣"，则是用来炫耀的装饰，引申来讲，一个"衣"字可以涵盖萧统《文选序》的选文标准——"事出于沉思，义归乎翰藻"。沉思是一种

[①] 钱锺书《管锥编》（第一册），第54—56页。
[②] 钱锺书《管锥编》（第一册），第2页。
[③] 钱锺书《管锥编》（第一册），第6页。

十一、"反者道之动"

潜心思考、隐而不显的状态,翰藻是指焕乎斐然的华美词采,两者显隐相衬、正反相成,构成了文之为文的评价标准。钱锺书又以赵牧、刘光远对李贺诗歌所作的两个看似矛盾的评价——"可谓蹙金结绣"与"尤能埋没意绪"——为例,生动诠释了"衣"字所包含的相反二意。

"体涵分训,用能合训"的第二种表现形式为"并行分训之同时合训",如"是""彼"二字在一定语境中就会出现这种情况。《庄子·齐物论》中有一段为人熟知也令人困惑的文字:

> 以是其所非而非其所是。……物无非彼,物无非是。……彼出于是,是亦因彼。彼是方生之说也……因是因非,因非因是。……是亦彼也,彼亦是也。彼亦一是非,此亦一是非。①

唐成玄英在《南华真经疏》中解释说:"夫'彼'对于'此','是'待于'非',文家之大体也。今言'彼出于是'者,言约理微,举'彼'角势也,欲示举'彼'明'此'、举'是'明'非'也。"② 钱锺书评论说,如果依照修辞通则(即"文家大体"),庄子应当说"彼出于此"或"非出于是",但此处却违背了文字表达的常规,把"彼"与"是"错配在一起;

---

① 陈鼓应《庄子今注今译》,第54页。
② 钱锺书《管锥编》(第一册),第4页。

成玄英为庄子辩解说，这是一种简约而互为掎角之势的独特表达，可以说是"会心已不远矣"。①钱锺书进而指出，"是"这个字有两个含义，既可以作"此"解，也可以作"然"解，如《庄子·秋水》篇说："因其所然而然之，则万物莫不然，因其所非而非之，则万物莫不非。"成玄英注解说，此处的"然"相当于"是"。②与此相似，"彼"这个字也有两个含义，既可以作"他"解，也可以作"非"解，如《诗·小雅·桑扈》"彼交匪敖"，又《采菽》"彼交匪纾"，《左传》襄公二十七年引作"匪交匪敖"，《荀子·劝学》引作"匪交匪纾"，"匪"与"非"同。③又如《墨子·经》上"彼：不可，两不可也。……辩：争彼也"，这里的"不可"就是"非"，"两不可"就是双方互"非"，"争彼"就是交"非"。④不过，"匪"（非）字虽然可以作"彼"解，但是，"此"这个字却不能解释为与"非"相对立的"是"或"然"。所以，庄子不说"非出于此""此亦非也"，而说"彼出于是""是亦彼也"，也就是以"彼"与"是"的对立涵盖了"彼此"与"是非"（然与否或肯定与否定）这两重关系，具有显著的互文性。用钱锺书的话说，这是以只字并赅"此"之对"彼"与"是"之待"非"。⑤照此推论，"彼出于是""是亦彼也"

---

① 钱锺书《管锥编》（第一册），第4页。
② 钱锺书《管锥编》（第一册），第4页。
③ 钱锺书《管锥编》（第一册），第4页。
④ 钱锺书《管锥编》（第一册），第4页。
⑤ 钱锺书《管锥编》（第一册），第4页。

的含义应有两重，一是彼出于此、此亦彼也，二是非出于是（否定出于肯定）、是亦非也（肯定就是否定）。

钱锺书在探讨"易之三名"这一问题时，不仅着眼于语义学、修辞学，他还阐发了由文字的反训、合训所揭示的心理、事理，以及由此衍生的逻辑学原理（"名辩之理"）与黑格尔式的辩证思维：

> 心理事理，错综交纠：如冰炭相憎、胶漆相爱者，如珠玉辉映、笙磬和谐者，如鸡兔共笼、牛骥同槽者，盖无不有。赅众理而约为一字，并行或歧出之分训得以同时合训焉，使不倍者交协、相反者互成，如前所举"易"、"诗"、"伦"、"王"等字之三、四、五义，黑格尔用"奥伏赫变"之二义，是也。①
>
> 席勒《美育书札》（*Ueber die ästhetischen Erziehung des Menschen*）第七、第一八函等言分裂者归于合、牴牾者归于和，以"奥伏赫变"与"合并"（Verbinden）、"会通"（Vereinigen）连用；又谢林《超验唯心论大系》（*System des transzendentalen Idealismus*）中，连行接句，频见此字，与"解除"（auflösen）并用，以指矛盾之超越、融贯。则均同时合训，虚涵二意，隐承中世纪神秘家言，而与黑格尔相视莫逆矣。②

---

① 钱锺书《管锥编》（第一册），第2页。
② 钱锺书《管锥编》（第一册），第3页。

《墨子·经》上："彼：不可，两不可也。……辩：争彼也"，"不可"即"非"，"两不可"即双方互"非"，"争彼"即交"非"——或释为"不（否）、可"，分指"不（否）"与"可"，误矣！果若所释，当曰："可、不"，犹"唯、否"之不当曰"否、唯"，以名辩之理，先有正言而后起反言，"可"立方以"不（否）"破；倘两事并举，勿宜倒置，观《庄子·寓言》："恶乎然？……恶乎不然？……恶乎可？……恶乎不可？"足觇顺序也。①

"彼出于此"，"此亦彼也"，犹黑格尔谓："甲为乙之彼，两者等相为彼"（Aber A ist ebenso sehr das Andere des B.Beide sind auf gleiche Weise Andere）；"非出于是"，"是亦非也"，犹斯宾诺沙谓："然即否"（Omnis determinatio est negatio），后人申之曰："否亦即然"（jede Verneinung soll als Bestimmung erkannt werden）。是非之辨与彼此之别，辗转关生。《淮南子·齐俗训》："是与非各异，皆自是而非人"；《维摩诘所说经·入不二法门品》第九："从我起二为二"，肇注："因我故有彼，二名所以生"；足相参印。庄生之"是"、"彼"，各以一字兼然否之执与我他之相二义，此并行分训之同时合训也。②

---

① 钱锺书《管锥编》（第一册），第4页。
② 钱锺书《管锥编》（第一册），第4—5页。

十一、"反者道之动"

以上四个段落都是将语义学、修辞学问题上升到哲理的层面加以考察。在钱锺书看来，语言现象能够反映出心理、事理，"并行或歧出之分训得以同时合训"这种复杂的语言现象就恰恰反映出心理、事理的"错综交纠"。从事理层面来看，万事万物之间的关系复杂多样，有相互对立、不可共存的，如冰与炭，有外表不同、属性相通的，如胶与漆，有类别相近、相得益彰的，如珠与玉、笙与磬，也有类别虽近、难以协调的，如鸡与兔、牛与骥。人之相处与人之心理，正与事理相通，君子遇小人，如冰炭相憎，才子逢佳人，如胶漆相爱，君子和而不同，有如珠玉辉映、笙磬和谐，小人同而不和，恰如鸡兔共笼、牛骥同槽。古汉语中"易""诗""伦""王"及德语中"奥伏赫变"等字词的妙处在于，能"赅众理而约为一字"，"使不倍者交协、相反者互成"。胶漆相爱，珠玉辉映，笙磬和谐，君子和而不同，就是"不倍（悖）者交协"。而"易"字兼含"变易""不易"二义，"奥伏赫变"一词兼有"灭绝"与"保存"二义，则体现出人事、物理中之"分裂者归于合、抵牾者归于和"，亦即"矛盾之超越、融贯"，这就是老庄哲学所谓"相反者互成"。

钱锺书随后从《墨子·经说上》中的"彼"字应释为"不可"还是"不、可"及《庄子·齐物论》所谓"彼出于是""是亦彼也"，引申出了"先有正言而后起反言"及"是非之辨与彼此之别，辗转关生"这两个名理问题。钱锺书认为，"不可"就是"非",如果用它分指"不"与"可",应当说"可、不",而非"不、可",就像"唯、否"不能说成"否、唯",因为,"唯""可"是正言,"不""否"是反言,按照形式逻辑的原理,先有正言而后起反言,有了"可",才有"不",有了"唯",才有"否"。俗语说,不破不立。殊不知,没有所立,也就没有所破。完整地来看,应当是无立无破,不破不立。通常情况下,如果正反言并提,应当先正言,后反言,不应该倒置。《庄子·寓言》所谓"恶乎然?……恶乎不然?……恶乎可?……恶乎不可",就顺序井然,深合形式逻辑的表达规范。由此可见,训诂考据之学不能脱离义理之学、词章之学,如果不懂经、子古籍中的修辞机趣,又缺乏形式逻辑的基本训练,那么,注者于释义、句读之时,难免会有扞格。换言之,不知六经、四部皆有其文理、逻辑,又焉能通经达道?

关于"彼出于是""是亦彼也"。如前所述,其含义应有两重,一是彼出于此、此亦彼也,二是非出于是(否定出于肯定)、是亦非也(肯定就是否定)。钱锺书认为,彼出于此、此亦彼也,相当于黑格尔所说的"甲为乙之彼,两者等相为彼",非出于是、是亦非也,相当于斯宾诺莎等所谓"然即否""否亦即然"。两者分别揭示了是非之辨与彼此之别"辗转关生",也就是说,是与非,彼与此,既相互对立,又相互依存、相互转化。因我故有彼,有是才有非,彼可以转化为我,非可以转化为是,我之所谓是,恰恰是彼之所谓非。

这就是《淮南子》所谓"是与非各异,皆自是而非人"。只有超越我他之界,互为主体性,才能破除我执,也才能放下一己之是非,以求《淮南子》所谓"至非之非""至是之是"①。庄子的妙处在于,以"是""彼"二字对举,兼然否之执、我他之相,充分凸显了汉字表意的微妙与圆通。

事实上,中国的文言与哲学语言相通。哲学语言的特点是哲人的一句话,研究者可能要用一千句话来解释;哲人的一个感悟,一般人要用一生领悟。叔本华的《作为意志与表象的世界》素称难译,但兼通德语、文言与哲学的译者,却可以将叔本华的德语原文译成精要的文言:"快乐出乎欲愿。欲愿者,欠缺而有所求也。欲餍愿偿,乐即随减。故喜乐之本乃亏也,非盈也。(Das alles Glück nur negativer, nicht positiver Natur ist)愿足意快,为时无几,而怏怏复未足矣,忽忽又不乐矣……"②

这段译文是钱锺书的手笔。这不仅是翻译,这是对叔本华哲学要义的精准把握,也是中西方哲学的无形对话。

1985 年,张隆溪先生在美国期刊 *Critical Inquiry* 第三期上发表了一篇文章,题为 "The 'Tao' and the 'Logos': Notes on Derrida's Critique of Logocentrism",即《道与逻各斯》。张文的焦点是西方语音中心主义及其代表的种族中心偏见,

---

① 何宁《淮南子集释》卷十一《齐俗训》,北京:中华书局,1998,第 803—804 页。
② 钱锺书《谈艺录》,第 349 页。

尤其针对西方人对中文的偏见。张文分成两部分。第一部分针对的是黑格尔、莱布尼茨等人的偏见。例如，黑格尔从语音中心主义出发，认为重书写形式的中文缺乏理性属性，一个符号不能产生多层语义，显然是对中文的无知。第二部分，张隆溪赞同斯皮瓦克对德里达的解读，亦即：德里达暗示东方没有逻各斯中心，无异于"逆向的种族中心主义"。张隆溪着重指出，德里达居然引用庞德和菲诺洛萨对中文的粗浅理论来理解中国文字。也正是在这一部分，张隆溪提出，《道德经》的第一句话"道可道，非常道"，其中"道"有"说"和"道"的双关，与西方logos的"言说"和"理性"的双关，正好吻合。张隆溪以此说明，西方有"逻各斯"，中国有"道"，所以中国也有逻各斯中心；德里达是错的，斯皮瓦克批评德里达是对的。[①]

张隆溪在"道"和"逻各斯"之间求同，灵感来自钱锺书在《管锥编》中的一些话。比如，钱先生说："'道可道，非常道'；第一、三两'道'字为道理之'道'，第二'道'字为道白之'道'，如《诗·墙有茨》'不可道也'之'道'，即文字语言。古希腊文'道'（logos）兼'理'（ratio）与'言'（oratio）两义，可以相参。"[②]

概念的含义要看语境。逻各斯中心主义的本义需要厘清。

[①] Zhang Longxi, The "Tao" and the "Logos": Notes on Derrida's Critique of Logocentrism, *Critical Inquiry*, 1985, Vol.11, No.3.
[②] 钱锺书《管锥编》（第二册），第408页。

逻各斯在前苏格拉底时期的本源义更需厘清。西方哲学史通常视赫拉克利特为第一个将 logos 引入哲学领域的哲学家，如同存在主义哲学应上溯至赫拉克利特的对立面巴门尼德。赫拉克利特所谓 logos，有尺度之意。[①]

太初有"言"，一言而为万世"法"。道之言即世之法，如纶音、金口等中式的语音中心主义。深究道－言－法三者关系，可深化对逻各斯中心主义的认识。

老庄主张道法自然，赫拉克利特认为永恒的活火按一定尺度或比例燃烧，智慧就是听自然的话。因此，道与逻各斯的相通性的重心不在言、不在理、不在道可道（言、理合一），而在于法、在于尺度。普罗泰戈拉主张人是万物的尺度。荷尔德林主张神为人的尺度。海德格尔在存在论意义上阐发荷尔德林的尺度说，强调测度的根基性作用。因此，可以将逻各斯中心主义与普罗泰戈拉至海德格尔的尺度说结合起来考察。

钱锺书一再主张要留意中西之间的貌同心异。事实上，老庄之"道"并不同于柏拉图之"逻各斯"（speech-reason）。老庄主张绝圣去智，当然不可能成为理性中心主义的鼻祖。对老庄而言，可道即非常道，因此，道与言在老庄哲学中其实是分裂的。所以老子说"道之为物，惟恍惟惚，惚兮恍兮，

[①] 张超《追寻古希腊哲学》，厦门：厦门大学出版社，2009，第25页。

其中有象"①，庄子说"天地有大美而不言"②。质言之，老庄之道是道象合一，具神秘主义底蕴，西方的逻各斯则是理言合一，启理性主义思维，所以不应混同。

---

① 楼宇烈《老子道德经注校释》，北京：中华书局，2016年，第52页。
② （清）郭庆藩撰，王孝鱼点校《庄子集释》，北京：中华书局，2013年，第649页。

后　记

在西方哲学史上，欧陆理性主义认为理性源于反思，英国经验主义认为知识源于经验。两者都有道理，但都不全面。

早期人类应是在与外界的接触中获得经验，并通过对经验的直觉判断逐渐形成初级理性思维。当语言出现后，概念名词、理论范畴、形式逻辑逐渐产生并扩充增益，理性思维因之趋向自觉与深化，并植入基因，形成康德等所谓先天范畴。

柏拉图所谓存在与认识之源的逻各斯（logos），兼道一言（reason-speech）于一体，即表明了语言的产生与理性思维形成的深刻联系。西方的逻各斯中心主义由此奠定基础。但脱离经验的纯粹思辨，实以通过对经验的直觉判断并由其不断刺激大脑皮层而形成的初级理性思维为根源，且以文化基因作为纯粹思辨所依赖的先天范畴、形式逻辑的先决条件。

不接触一个东西就能思考它，是有前提的。这个前提是，有人接触了这个东西，并对其进行了描述，或有人讲述了某种经验，比如情感纠纷，康德才能在终生未娶的情况下，反思情感的本质。质言之，理性主义与经验主义均对推进人类的思维有所贡献，理性主义者所谓我思故我在，经验主义者所谓我在故我知，均有相对的合理性，但两者如果走向极端化，就会因偏执而生偏见。比如，理性主义者要求脱离经验，以不可实证的物自体为世界本体（康德为代表），经验主义者不承认基于文化基因的先天范畴，以为人的大脑最初有如一张白纸（洛克为代表）。

应该相信，欧陆理性主义与英国经验主义都是人类自我大发现的产物，但参禅贵活，不可拘执一端，否则就会作茧自缚，令洞见成为佛教所谓知见障。随着脑科学、认知心理学研究的深化，理性思维的形成过程、运作方式、运作规律，以及知识的来源等哲学问题，将有可能超越逻辑实证主义、语言哲学等的反思而得到更科学的解答。所以，西方哲学史上对心理主义的排斥是不合理的，而逻各斯中心主义的症结也可以得到更科学的解释。与此相对照，老庄的道—象本体论（不同于道—言本体论），柏格森的直觉主义，均有可能因脑科学、认知心理学的深化而被证明其相对合理性。

科学与哲学有互补关系。哲学可启迪、推动科学研究，科学可验证、纠正哲学思想。如贝克莱启发了爱因斯坦的相对论，而爱因斯坦又纠正了柏格森的时间哲学。又如莱布尼茨早在1679年就提出了他的二进制数学体系，后受传教士白晋（Joachim Bouvet）影响，开始关注《易经》。1701年，白晋把邵雍的伏羲六十四卦方圆图和次序图给莱布尼茨，莱布尼茨发现，易图就是0～63的二进制数表。此例可证，数字人文早有先例，而前景可期。

概而言之，中西方哲学史上任何真诚而有深度的探索，都不能一言以"蔽"之，因所见即所蔽；也不能因道—言本体论与道—象本体论之别，而否认中国古代有哲学。中国的"哲"之学与西方的哲学均为爱智之学。哲者，智也。哲学史上的所有重要流派，均有其合理成分，不可轻易否弃，所以不必纠结于流派之争，而应辨析其合理性成分，并融入不断积累的知识谱系之中，深化与锐化识力与判断力。

对于人文哲学而言，核心关注点是存在的意义。具体到人的一生行止，这个问题可以通俗地表述为：人活着为了什么？对一般人而言，活着就是为了幸福，或曰快乐。作为文明人，快乐须正义加持，如此而已。所以柏拉图的《理想国》、亚里士多德的《尼各马科伦理学》分别探讨正义与幸福。孔子也不反对求乐，但乐不悖义，他说："饭疏食，饮水，曲肱而枕之，乐亦在其中矣；不义而富且贵，于我如浮云。"换言之，义而富贵，是可欲的。除了正义、快乐，人类还会向往不朽，或肉身不灭，或灵魂不灭，或精神不灭，于是宗教兴焉。向往不朽，即是为了摆脱罗素所谓"时间帝国"的束缚，这是人与动物的最根本区别，也是人作为万物之灵的灵性所在。中外宗教与人文哲学根子上是为了解决生死问题，以及回应人们对永恒或来生、天国的想象。故正义论、快乐论、不朽论，乃人文哲学根本之论，在西方哲学史上，苏格拉底在《斐多篇》中的不朽论，柏拉图在《理想国》中的正义论，亚里士多德在《尼各马科伦理学》中的幸福论，可并称西方人文哲学的轴心三论。

钱锺书在《论快乐》一文中，对主张追求全体人类最大幸福的19世纪英国哲学家穆勒在《功利主义》(Utilitarianism)一书中提出的人生选择——是做痛苦的苏格拉底（Socrates dissatisfied）还是快乐的猪（a pig satisfied），进行了反思：

> 穆勒曾把"痛苦的苏格拉底"和"快乐的猪"比较。假使猪真知道快活，那末猪和苏格拉底也相去无几了。猪是否能快乐得像人，我们不知道；但是人会容易满足得像猪，我们是常看见的。把快乐分肉体的和精神的两种，这是最糊涂的分析。一切快乐的享受都属于精神的，尽管快乐的原因是肉体上的物质刺激。小孩子初生下来，吃饱了奶就乖乖地睡，并不知道什么是快活，虽然它身体感觉舒服。缘故是小孩子时的精神和肉体还没有分化，只是混沌的星云状态。洗一个澡，看一朵花，吃一顿饭，假使你觉得快活，并非全因为澡洗得干净，花开得好，或者菜合你口味，主要因为你心上没有挂碍，轻松的灵

魂可以专注肉体的感觉,来欣赏,来审定。[1]

钱锺书明确反对亚里士多德将快乐分成肉体和精神两种,在他看来,快乐都是精神性的,肉体上的物质刺激只是快乐的原因,如果精神不痛快,肉体感觉就会迟钝,他又以一贯擅长的得益于老子、黑格尔的辩证思维指出,把忍受变为享受固然是精神对于物质的最大胜利,但一贯抱这种态度的人,可能是"大哲学家",也有可能是个"大傻子",这种矛盾性,"是人生对于人生观开的玩笑"。的确,中外哲人几千年来对存在意义、在世尺度、感知认知世界方式的探索,几千年来试图在时间中超越时间、在虚无中发现意义的努力,终究无法替代每一个个体的人生。

人的一生就是一个故事:"少年听雨歌楼上,红烛昏罗帐。壮年听雨客舟中,江阔云低,断雁叫西风。而今听雨僧庐下,鬓已星星也。"南宋末年蒋捷的《虞美人·听雨》一词以听雨为喻,揭示了由年少风流到中年奔波再到老年禅悟的人生脉络和深层结构。古希腊神话中著名的"斯芬克斯之谜"说到底是人的故事,也揭示了人生的结构。"悲欢离合总无情,一任阶前点滴到天明。"这是人生的开悟。

---

[1] 钱锺书《钱锺书散文》,第20页。

主要参考文献

一、钱锺书著作

1. 宋诗选注.北京：人民文学出版社，1958
2. 谈艺录.北京：中华书局，1984
3. 管锥编（全五册）.北京：中华书局，1986
4. 人·兽·鬼 写在人生边上.福州：海峡文艺出版社，1991
5. 七缀集（修订本）.上海：上海古籍出版社，1994
6. 围城.北京：人民文学出版社，1997
7. 钱锺书散文.杭州：浙江文艺出版社，1997
8. 钱锺书手稿集.北京：商务印书馆，2014

二、部分"钱学"文献

1. 孔庆茂.钱锺书传.南京：江苏文艺出版社，1992
2. 林湄.一代学者钱锺书.北京：当代世界出版社，1999
3. 汤晏.一代才子钱锺书.上海：上海人民出版社，2005
4. 吴学昭.听杨绛谈往事.北京：生活·读书·新知三联书店，2008

5. 龚刚.钱锺书与文艺的西潮.天津：南开大学出版社，2014

三、相关书目（按引用顺序排列，下同）

1. 王佐良.翻译：思考与试笔.北京：外语教学与研究出版社，1989

2. 章士钊.章士钊全集.上海：文汇出版社，2000

3. [德]奥伊肯.生活的意义与价值.上海：上海译文出版社，1997

4. 王孙禹等.清华时间简史：人文社会科学学院.北京：清华大学出版社，2016

5. 夏莹.清华大学文史哲谱系.北京：清华大学出版社，2020

6. 李长之.西洋哲学史.北京：中国国际广播出版社，2017

7. [加]雷勤风.大不敬的年代：近代中国新笑史.加州大学出版社，2015

8. 胡适.胡适日记全编.合肥：安徽教育出版社，2001

9. 王国维.宋元戏曲考序.北京：商务印书馆，2001

10. [古希腊]普罗泰戈拉.古希腊罗马哲学.北京：生活·读书·新知三联书店，1987

11. 汪子尚、陈村富、姚介厚.希腊哲学史.北京：人民出版社，1997

12. [美]威廉·詹姆斯.实用主义.北京：商务印书馆，1994

13. [美]梯利.西洋哲学史.台北：台湾商务印书馆，1990

14. [英]休谟.人性论.北京：商务印书馆，1997

15. [美]丹尼尔·贝尔.意识形态的终结.南京：江苏人民出版社，2001

16. 汪荣祖. 槐聚心史. 北京：中华书局，2020

17. 许慎著、汤可敬释. 说文解字今释. 长沙：岳麓书社，1997

18. 李学勤. 字源. 天津：天津古籍出版社，2012

19. 老舍. 四世同堂. 北京：人民文学出版社，2012

20. [法] 德勒兹、迦塔利. 什么是哲学？. 长沙：湖南文艺出版社，2007

21. 梁启超. 上海：上海古籍出版社，2005

22. 黄远庸. 远生遗著. 上海：商务印书馆，1984

23. 蔡元培. 蔡元培全集. 北京：中华书局，1984

24. 李梦生. 左传译注. 上海：上海古籍出版社，2004

25. 郭绍虞. 中国历代文论选. 上海：上海古籍出版社，1979

26. 孔颖达. 春秋左传正义. 北京：中华书局，1980

27. 胡适. 胡适全集. 合肥：安徽教育出版社，2003

28. [法] 杜拉斯. 情人. 上海：上海译文出版社，2014

29. [德] 康德. 纯粹理性批判. 北京：人民出版社，2004

30. 杨绛. 走到人生边上. 北京：商务印书馆，2007

31. [英] 阿尔伯特·霍恩比. 牛津现代高级英汉双解辞典. 香港：启思出版有限公司，1990

32. 冯友兰. 中国哲学史新编. 北京：人民出版社，1986

33. 僧祐撰、李小荣校笺. 弘明集校笺. 上海：上海古籍出版社，2013

34. 陈鼓应. 庄子今注今译. 北京：中华书局，1983

35. 陈荣捷. 王阳明传习录详注集评. 台北：台湾学生书局，1983

36. [美] 安东尼奥·达马西奥. 笛卡尔的错误. 北京：北京联合出版公司，2018

37. [英] 斯托特. 物与心. 剑桥大学出版社，1931

38. 汤用彤. 汉魏两晋南北朝佛教史. 上海：上海书店据商务印书馆 1938 年版影印，1991

39. 杨绛. 斐多——柏拉图对话录之一. 沈阳：辽宁人民出版社，2000

40. [德] 康德. 实践理性批判. 北京：人民出版社，2003

41. [俄] 陀思妥耶夫斯基. 卡拉马佐夫兄弟. 北京：人民文学出版社，1981

42. [德] 赫尔曼·海塞等. 陀思妥耶夫斯基的上帝. 北京：社会科学文献出版社，1999

43. [英] 艾略特. 荒原. 济南：山东大学出版社，1999

44. 何宁. 淮南子集释. 北京：中华书局，1998

四、中文参考论文

1. 张剑华《钱锺书与他就读的桃坞中学》，《中小学管理》，2013 年第 2 期。

2. 陈建军《钱锺书桃坞中学时的一篇英语作文》，《书屋》，2015 年第 8 期。

3. 钱锺书《读报的乐趣》，《桃坞学期报》，1927 年 1 月第十卷第一号。

4. 钱锺书《进化蠡见》，《桃坞学期报》，1926 年 1 月第九卷第一号。

5. 钱锺书《天择与种变》，《桃坞学期报》，1926 年 7 月第九卷第二号。

6. 王道还《重读〈天演论〉》，《科学文化评论》，2012 年第 1 期。

7. 刘梅《精神生活：奥伊肯对人生哲学的批判与建构》，《哲学研究》，2006年第7期。

8. 钱锺书《论俗气》，《大公报·文艺副刊》，1933年第13期。

9. 常风《和钱锺书同学的日子》，《山西文学》，2000年第9期。

10. 林玉堂《征译散文并提倡幽默》，《晨报副刊》，1924年5月23日。

11. 林玉堂《幽默杂话》，《晨报副刊》，1924年6月9日。

12. 林语堂《论幽默》，《论语》第33期（1934年1月16日）、第35期（1934年2月16日）。

13. 陈菁霞《〈钱锺书手稿集·外文笔记〉四十八册全部出齐》，《中华读书报》，2016年3月30日，01版。

14. 胡适《文学改良刍议》，《新青年》第2卷5期，1917年1月15日。

15. 张隆溪《论钱锺书的英文著作》，《文景》，2004年第1期。

16. 田洁《〈泰阿泰德篇〉中逻各斯与知识构成》，《清华西方哲学研究》，2015年第1卷第1期。

17. 周晓亮《浅析西方关于休谟哲学的三种观点》，《哲学动态》，1995年第11期。

18. 顾明栋《希利斯·米勒——文学研究的一代大师》，《外国文学》，2021年第4期。

19. 曾祥铎《论克罗齐史观——"一切真历史都是当代史"》，《兴大历史学报》第十二期，2001年10月出版。

20. 孙寿涛《〈大公报〉哲学专刊对哲学新知的引介》，《学术交流》，2015年第12期。

21. 李为民《莎士比亚戏剧译介的三个问题》，《安徽师范大学学报（人文社科版）》，2006年第6期。

22. 杨亚平《"法兰西学院"译名辨析》，《学术界》，2011年第3期。

23. 敏泽《论钱学的基本精神和历史贡献——纪念钱锺书》，《文学评论》，1999 年第 3 期。

五、英文参考书目

1. *History of Western Philosophy*, Bertrand Russell, London: Routledge, reprinted in 1999.

2. *History of Philosophy*, Alfred Weber, New York, Charles Scribner's Sons, 1897.

3. *Great European Novels and Novelists*, Ch'ien Chung-shu, A Collection of Qian Zhongshu's English Essays. Beijing: Foreign Language Teaching and Research Press, 2005.

4. *A Very Brief Summary of David Hume*, Shane Drefcinski, Wisconsin: University of Wisconsin–Platteville, 2017.

5. *An Enquiry Concerning Human Understanding*, David Hume, In Masterplots (4th ed.), 2010.

6. *Essays Moral, Political, literary*, David Hume, London: Longmans, Green&Co., 1875.

7. *The Great Code: The Bible and Literature*, Northrop Frye, New York: Harvest Book, 1983.

8. *History of Western Philosophy*, Bertrand Russell, London: Routledge, 1999.

9. *Prolegomena to Ethics*, Thomas Hill Green, Oxford: Oxford University Press, 1884.

10. *Present Philosophical Tendencies*, Cf. Ralph Barton Perry, New York: Longmans, Green & Co., 1912.

11. *Hume and the Problem of Causation*, Helen Beebee, The Oxford Handbook of Hume, New York, 2016.

12. *The Physicist and the Philosopher: Einstein, Bergson, and the Debate That Changed Our Understanding of Time*, Jimena Canales, Princeton University Press, 2015.

13. *The Philosophy of Kant and our Modern World*, Hendel, C. W. (ed.), New York, 1957.

14. *A Manual of Psychology*, 3rd edition, George Stout, London: University Tutorial Press, 1915.

15. Steven Pinker, The blank slate: the modern denial of human nature, Viking Penguin, Oct.13, 2002.

16. *The Marriage of Heaven and Hell*, *Studies in Philology*, William Blake, University of North Carolina Press.

17. *Life of John Keats*, Charles Armitage Brown, Oxford: OUP, 1937.

18. *Biology and the Soul*, John Hick, Cambridge University Press, 1972.

六、英文参考论文

1. Barry Allen, The use of useless knowledge: Bergson against the pragmatists, *Canadian Journal of Philosophy*, 2013, Vol. 43, No. 1, pp.37—59.

2. Ch'ien Chung-shu, Apropos of the Shanghai Man, *The China Critic*, VII No.44, November 1, 1934.

3. Ian Wilkie and Natalie Diddams, Waves of laughter: comic surfing on Bergson's mechanical inelasticity, *Comedy Studies*, Volume 12, 2021(1), pp. 91—103.

4. Robert C. Grogin, Rationalists and Anti-Rationalists in pre-World War I France: The Bergson-Benda Affair, *Historical Reflections*

/ *Réflexions Historiques*, Vol. 5, No. 2 (Winter/Hiver 1978), pp. 223—231.

5. Henri Bergson, The Creative Mind: An Introduction to Metaphysics, pp. 160—168.

6. Ch'ien Chung-shu, China in the English Literature of the Seventeenth and Eighteenth Centuries, *A Collection of Qian Zhongshu's English Essays*, p.83.

7. Pragmatism and Potterism, *Tsinghua Weekly*, Volume XXXV, Number 2, 1931.

8. Thomas Babington Macaulay, Critical and Historical Essays contributed to the Edinburgh Review, 5th ed. in 3 vols. (London: Longman, Brown, Green, and Longmans, 1848). Vol. 2, p.407.

9. David Fate Norton, The myth of 'British empiricism', *History of European Ideas*, Volume 1, 1981 -Issue 4.

10. Alexander Jackson, How to Solve Hume's Problem of Induction, *Episteme*, Volume 16, Issue 2, June 2019, pp. 157—174.

11. Richard F. Grabau, Kant's Concept of the Thing in Itself: An Interpretation, *The Review of Metaphysics*, Vol. 16, No. 4, Jun., 1963.

12. Robert Duschinsky, Tabula Rasa and Human Nature, *Philosophy*, Volume 87, Issue 4, October, 2012.

13. Leibniz, Discourse on Metaphysics, Correspondence with Arnauld, and Monadology, *The Open Coust*, 1981, p.297.

14. Richard Symonds, C. E. M. Joad: Philosophical Treasure – or Third-Class Socrates?, *The Philosopher*, Volume CIII, No. 1, 2015.

15. Tom Stoneham, Berkeley's "esse is percipi" and Collier's "simple" argument. History of Philosophy Quarterly, 23 (3), 2006. pp. 211—224.

16. Theo Redpath, Cambridge Philosophers VIII: C. D. Broad. *Philosophy*, Oct., 1997, Vol. 72, No. 282 (Oct., 1997), pp. 571—594.

17. Stanley V. Keeling, Review on David Hume and the Miraculous, *Journal of Philosophical Studies* (Cambridge University Press), Oct., 1928, Vol. 3, No. 12 (Oct., 1928), p. 535.